零基础

玩转

短视频

拍摄＋剪辑＋运营＋直播＋带货

罗建明◎编著

化学工业出版社

·北京·

内容简介

拍摄是前提，剪辑是后期，运营是重点，直播是难点，带货是终点，本书将介绍这5项核心修炼。抓重点，攻难点，实现带货变现，零基础、全方位玩转短视频。

本书共分为13章，系统地讲解了拍摄技巧、创意拍摄、轻松剪辑、高阶剪辑、直播录制、账号打造、用户画像、内容选择、内容策划、文案制作、吸粉技巧、带货话术、带货变现等内容，帮助读者快速从入门到精通短视频运营，成为短视频运营高手。

本书不仅适合初入短视频行业的运营者，快速掌握短视频的拍摄剪辑、直播带货，开启账号的打造之路，更适合拥有一定运营经验的短视频运营者，提高直播带货变现的能力，快速增强短视频的引流和吸粉能力，让短视频变现变得更加高效。

图书在版编目（CIP）数据

零基础玩转短视频：拍摄+剪辑+运营+直播+带货 / 罗建明

编著. — 北京：化学工业出版社，2021.1

ISBN 978-7-122-38032-6

Ⅰ.①零… Ⅱ.①罗… Ⅲ.①网络营销 ②视频编辑软件

Ⅳ.①F713.365.2 ②TP317.53

中国版本图书馆CIP数据核字（2020）第243956号

责任编辑：李 辰 孙 炜　　　　　　　装帧设计：盟诺文化

责任校对：宋 玮　　　　　　　　　　封面设计：异一设计

出版发行：化学工业出版社（北京市东城区青年湖南街 13 号　邮政编码 100011）

印　　装：天津图文方嘉印刷有限公司

710mm×1000mm 1/16　印张 15 $\frac{1}{2}$　字数 285 千字　2021 年 1 月北京第 1 版第 1 次印刷

购书咨询：010-64518888　　售后服务：010-64518899

网　　址：http://www.cip.com.cn

凡购买本书，如有缺损质量问题，本社销售中心负责调换。

定　价：79.00 元

罗老师的课程很实用，内容干货满满，听了受益匪浅。听过很多人的课程，不太一样的地方就是他讲课非常有激情，案例分析得很透彻，值得推荐。

姚平方　深圳电子商务协会副会长、中国商业视频联盟深圳会长

罗老师的课程我很喜欢，听过他的线下课程，可以听得出来，他讲的课都是从内而发，绝不是理论，都是通过他十几年的实战经验总结的，案例分析得比较透，通俗易懂，非常受用。

Carmen　《中国好声音》校园选拔赛现场导演

我是做传统商业影片的，在抖音短视频上我们确实落后了，听了罗老师的抖音课程，才了解不是懂短视频制作就能做好抖音，还得了解抖音平台的算法机制和大数据分析，所以运营策略才是关键。如果想学怎么将短视频结合平台特征快速获取百万粉丝，这堂课值得学习。

陈嘉威　《舌尖上的中国 2》大型央视纪录片资深后期总监

短视频时代是 90 后、00 后的天下，我们做品牌战略策划的，最终需要通过短视频传播来落地，把品牌的价值通过短视频最大化传播出去。短视频这堂课很实战，通俗易懂，不仅可以让我们对短视频有一个全新的认识，同时方法很实用，适合短视频岗位的从业人员及高层管理人员。

董镇鸣 /Andy Dong　国内资深品牌战略策划与人才战略专家，
CCTV 栏目《中国品牌影响力》战略合作伙伴

罗总的课程真真实实帮到了很多人，我们接触过的很多企业都需要这样的实战课程。虽然现在是 5G 时代、短视频时代、人人自媒体时代，教理论的人很多，但教实操的人寥寥无几，都是"割韭菜"圈钱，我呼吁自媒体行业能出现更多像罗总这样的实战老师。

黄祖良　商业模式设计，股权资本顶层设计，
深圳市前海股权交易中心金融专家，深圳市宝安金融超市首席顾问，
实战派商业模式重构专家，国内知名天使投资人

你就是下一个短视频"大V"

在做短视频及短视频直播时，你是否遇到过这些困惑：

- 入行短视频比较晚，现在从零开始，我还有机会吗？
- 每天在拍摄视频上花费大量的精力，但视频却一直没有上热门推荐，转发、点赞、评论的数据也不太理想，这是什么原因呢？
- 建了新号却不知道如何运营，发布内容又被屏蔽甚至被封号，也不知道到底哪里出了问题。
- 如何才能合理利用短视频的粉丝变现赚钱？

如果你也面临着这样的情况，不要着急，因为有超过80%的短视频玩家都遇到过这些问题。

现在短视频创作者中有在家带娃的宝妈，有朝九晚五的职场人，有做电商或实体店的卖货老板，他们起初也是不懂拍摄、不擅剪辑、不懂规则、不会变现、不会直播的零基础小白。而现在，他们从曾经的"青铜玩家"晋级到了短视频的"最强王者"。

李佳琦从普通销售员变成一次直播卖货就能过百万元的带货达人；李子柒从农村小妹变成一个单次就有上千万播放量的人气博主；美食姐姐是一个在家带娃的宝妈，通过分享厨艺做到了涨粉百万、月入30万元。

你也想像他们一样涨粉不停吗？一个视频你就能感受到手机震不停的快感，广告费收到手软的享受，每天都有支付宝到账的提醒，体验一次几万甚至几十万元收入到账的感觉。

短视频变现的理想：一部手机、一个人就能每天"躺赚"。我将毫无保留地将一个月快速吸粉10万+，同时孵化多个百万级大号的实战经验在本书中分享出来。区别于市面上90%的书籍，我会带你从零起步，完全学会拍摄、剪辑、直播、运营及变现的方法，迅速获得百万粉丝，成为名副其实的赚钱"大V"。

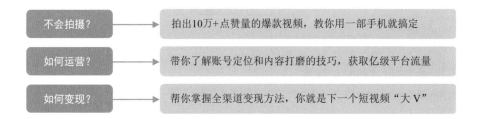

不会拍摄？	→	拍出10万+点赞量的爆款视频，教你用一部手机就搞定
如何运营？	→	带你了解账号定位和内容打磨的技巧，获取亿级平台流量
如何变现？	→	帮你掌握全渠道变现方法，你就是下一个短视频"大V"

笔者从事多年营销策划及互联网运营工作，现任多家上市企业互联网战略顾问，深谙短视频运营、吸粉、变现之道。如今正是全民短视频时代，很多人都跃跃欲试，想抓住这个机会，在互联网新媒体平台上分得一杯羹。

但是，在这场没有"硝烟"的互联网电商战争中，有人摇身一变，成为了头部网红；有人成了带货达人；有人寥寥几千粉丝，无法有效变现……

经过再三考虑后，笔者决定将自己多年的经验总结成一本书，为那些想要从事短视频运营的朋友提供一些参考意见。

本书特色如下：

（1）5大核心板块，全方位精准化剖析。本书从短视频的"拍摄＋剪辑＋运营＋直播＋带货"5大核心内容板块，精准聚焦广大短视频运营者在创作和运营短视频过程中遇到的重点难题，帮助短视频运营者快速掌握短视频的运营技巧，一站式解决短视频无法成爆款的难题。

（2）13大课程体系，全方位细致化学习。本书具体内容包括：拍摄技巧、创意拍摄、轻松剪辑、高阶剪辑、直播录制、账号打造、用户画像、内容选择、内容策划、文案制作、吸粉技巧、带货话术、带货变现，重磅揭秘短视频从零点赞到10万＋点赞的思维、策略、方法与技巧。

（3）171个实操干货，全方位一体化讲解。书中有大量的图示案例，内容环环相扣，而且每讲到一种短视频的操作方法，都配有具体、细致的操作步骤，方便读者深层次地理解书中内容并执行操作。

本书具有很强的实用性和可操作性，适用于初入短视频运营行业、有志打造爆款短视频的新手，也可作为拥有一定运营经验的短视频运营者，提高直播带货变现的能力，快速增强短视频的引流和吸粉能力，让短视频变现变得更加高效。

罗建明

目 录 _____

·CONTENTS

03　第 3 章　轻松剪辑：在手机上完成视频效果

04　第 4 章　高阶剪辑：为你的短视频增光添色

第 5 章　直播录制：近距离实现产品的推广

05

第6章　账号打造：找准运营方向，树立标签

06

第7章　用户画像：了解粉丝，实现精准营销

07

第8章　内容选择：找准热门就是赢在起点

09 第9章　内容策划：编写视频脚本设计情节

第 10 章　文案制作：快速提高视频的吸睛能力

10

11

第 11 章　吸粉技巧：快速打造百万粉丝大号

12

第 12 章　带货话术：巧妙增强用户购买欲望

13

第 13 章　带货变现：轻松实现年收入过百万元

学前提示：

短视频的制作通常包括内容选题、拍摄准备、拍摄过程和后期处理这 4 个步骤。本章重点介绍短视频拍摄时，拍摄设备的选择及视频拍摄的基本技巧，帮助大家轻松拍出高曝光的短视频作品，成为抖音、快手短视频达人。

第 1 章

拍摄技巧：拍出 10 万 + 点赞量的短视频

要点展示：

⊙ 拍摄工具的选择使用

⊙ 视频拍摄的基本技巧

1.1 拍摄工具的选择使用

开始拍摄短视频之前，首先要选择与所拍摄的短视频相契合的拍摄器材，只有选对了拍摄器材，在拍摄的过程中才能更加得心应手。本节将从拍摄设备、录音设备、灯光设备和辅助设备 4 个方面分别进行说明。

1.1.1 拍摄设备：根据需求进行选择

短视频的主要拍摄设备包括手机、单反相机、微单相机、迷你摄像机和专业摄像机等，用户可以根据自己的资金状况来选择。用户首先需要对自己的拍摄需求做一个定位，到底是用来进行艺术创作，还是纯粹来记录生活，对于后者，笔者建议选购一般的单反相机、微单或者好点的拍照手机即可。只要用户掌握了正确的技巧和拍摄思路，即使是便宜的摄影设备，也可以创作出优秀的短视频作品。

1. 要求不高的用户，使用手机即可

智能手机的摄影技术在过去几年里得到了长足进步，手机摄影也变得越来越流行，其主要原因在于手机摄影功能越来越强大、手机价格比单反更具竞争力、移动互联时代分享上传视频更便捷等，而且手机可以随身携带，满足随时随地拍视频的需求。

手机摄影功能的出现使拍短视频变得更容易实现。如今，很多优秀的手机摄影作品甚至可以与数码相机媲美。例如，华为 P40 Pro 采用麒麟 990 5G SoC 芯片与5000 万超感知徕卡四摄镜头，拥有 50 倍数字变焦效果，可以实现从远到近全面高清的拍摄，同时搭载 XD fusion 图像引擎，拥有409600 高 ISO 感光度，能够帮助用户轻松捕捉复杂环境下的艺术光影，做"自己生活中的导演"，如图 1-1 所示。

图 1-1　华为 P40 Pro 智能手机

2. 专业拍视频，可使用单反或摄像机

如果用户是专业从事摄影或者短视频制作方面的工作，或者是"骨灰级"的短视频玩家，那么单反相机或者高清摄像机是必不可少的摄影设备，它们所拍摄出来的视频画质相对手机要更加高清，背景虚化能力也更加强大，而且单反相机和高清摄影机还能根据需要拍摄的视频题材更换镜头，如图 1-2 所示。

图 1-2　单反相机和高清摄像机

此外，这些专业设备拍摄的短视频作品通常还需要结合计算机的后期处理，对视频进行二次创作，否则效果不能够完全发挥出来。图 1-3 所示为后期处理为黑白色调的短视频，黑白色调让人觉得画面非常简洁干净、协调统一，视频画面的氛围感也更加浓厚。

图 1-3　后期处理成黑白色调，视频画面的氛围感更浓厚

☆专家提醒☆

微单是一种跨界产品，功能定位于单反和卡片机之间，最主要的特点就是没有反光镜和棱镜，因此体积也更加微型小巧，同时还可以获得媲美单反的画质。微单可以满足普通用户的拍摄需求，不仅比单反更加轻便，而且还拥有专业性与时尚的特质，同样能够获得不错的视频画质表现力。

建议用户购买全画幅的微单相机，因为这种相机的传感器比较大，感光度和宽容度都较高，拥有不错的虚化能力，画质也更好。同时，用户可以根据不同短视频内容题材来更换合适的镜头，拍出有电影感的视频画面效果。

1.1.2 录音设备：产品性价比很重要

普通的短视频直接使用手机录音即可，对于采访类、教程类、主持类、情感类或者剧情类的短视频来说，则对声音的要求比较高，推荐选择 TASCAM、ZOOM、SONY 等品牌的性价比较高的录音设备。

（1）TASCAM：这个品牌的录音设备具有稳定的音质和持久的耐用性。例如，TASCAM DR-100MKIII 录音笔的体积非常小，适合单手持用，而且可以保证采集的人声更为集中与清晰，收录效果非常好，适用于谈话类节目的短视频场景，如图 1-4 所示。

图 1-4　TASCAM DR-100MKIII 录音笔

（2）ZOOM：ZOOM 品牌的录音设备做工与质感都不错，而且支持多个话筒，可以多用途使用，适合录制多人谈话节目、情景剧的短视频。图 1-5 所示为 ZOOM H6 手持数字录音机，它是一款可以更换麦克风的便携录音机，能够同时录制 6 路音源，这款便携式录音机能够真实还原拍摄现场的声音，录制的立体声效果可以增强短视频的真实感。

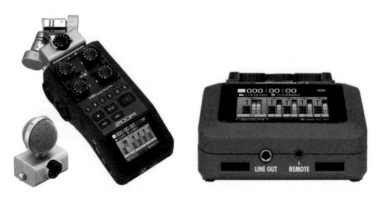

图 1-5　ZOOM H6 手持数字录音机

（3）SONY：SONY 品牌的录音设备体积较小，比较适合录制各种单人短视频，如教程类、主持类的应用场景。图 1-6 所示为索尼 ICD-TX650 录音笔，不仅小巧便捷，可以随身携带录音，而且还具有智能降噪、七种录音场景、宽广立体声录音、立体式麦克风等特殊功能。

图 1-6　索尼 ICD-TX650 录音笔

1.1.3　灯光设备：运用光线进行拍摄

在室内或者专业摄影棚内拍摄短视频时，如果需要保证光感清晰、环境敞亮、可视物品整洁，就需要明亮的灯光和干净的背景。光线是获得清晰视频画面的有力保障，不仅能够增强画面美感，而且用户还可以利用光线来创作更多有艺术感的短视频作品。下面介绍一些拍摄专业短视频时常用到的灯光设备。

（1）八角补光灯：八角补光灯是很常见的一种灯光设备，它所营造出来的光线及阴影既均匀又柔美，会在被摄对象的眼里形成一个明亮的圆圈，获得非常自然的眼神光。八角补光灯的具体打光方式以实际拍摄环境为准，建议一个放置在顶位，两个放置在低位，通过调整三面光线的光亮明暗来突出被摄对象的立体感，适合各种音乐类、舞蹈类、带货类等短视频拍摄场景，如图 1-7 所示。

图 1-7　八角补光灯

（2）顶部射灯：顶部射灯的功率通常为 15～30W，用户可以根据拍摄场景的实际面积和安装位置来选择合适的射灯强度和数量，也可以改变射灯的角度来组成场景所需的照明效果。射灯还能够很好地处理对空间、色彩及虚实感受的营造，适合舞台、休闲场所、居家场所、娱乐场所、服装商铺、餐饮店铺等拍摄场景，如图 1-8 所示。

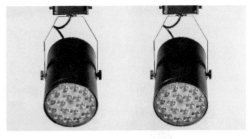

图 1-8　顶部射灯

（3）美颜面光灯：美颜面光灯通常带有美颜、美瞳、靓肤等功能，光线质感柔和，不仅能形成自然的眼神光，还能增加脸部的立体感，并且可以为皮肤增光，让皮肤更显水嫩白皙，同时可以随场景自由调整光线亮度和补光角度，拍出不同的光效。美颜面光灯适合拍摄彩妆造型、美食试吃、主播直播及人像视频等场景，如图 1-9 所示。

图 1-9　美颜面光灯

1.1.4　辅助设备：拍出电影大片效果

对于新手来说，拍摄短视频可能一个手机就完全足够了，但对于专业用户来说，可能会购买很多辅助设备来拍出电影级的大片效果。

（1）手机云台：手机云台的主要功能是稳定拍摄设备，防止画面抖动造成的模糊，适合拍摄户外风景或者人物动作类短视频，如图 1-10 所示。

图 1-10　手机云台

（2）运动相机：运动相机可以还原每一个运动瞬间，记录更多转瞬即逝的动态之美或奇妙表情等丰富的细节，还能保留相机的转向运动功能，带来稳定、清晰、流畅的视频画面效果，如图 1-11 所示。运动相机能满足旅拍、Vlog、直播和生活记录等各种短视频场景的拍摄需求。

图 1-11　运动相机

（3）无人机：无人机主要用来高空航拍，由于其轻巧灵便的特点，我们在进入一些危险区域拍摄，或者是拍摄人员无法进行拍摄的地方，便可以采用无人机拍摄，而且随着遥控飞行技术越来越先进，其安全性能也越来越高。无人机拍摄出来的短视频画面效果宽广大气，给人一种气势恢宏的感觉，如图 1-12 所示。

图 1-12　无人机设备与拍摄效果

（4）外接镜头：由于焦距固定的原因，当我们想要把更多物体放进画面中时，手机原本的镜头便无法满足我们的需求，这时可以在手机上扩展各种外接镜头设备，主要包括微距镜头、偏振镜、鱼眼镜头、广角镜头和长焦镜头等，能够满足更多的拍摄需求，如图 1-13 所示。

（5）三脚架：三脚架主要用来在拍摄视频时稳固手机或相机，为创作好的短视频作品提供了一个稳定平台，如图 1-14 所示。购买三脚架时注意，它主要起到稳定手机的作用，所以脚架需要结实。但是，由于其经常需要被携带，所以又需要有轻便快捷和随身携带的特点。

图 1-13　手机外接镜头　　　　　　　　图 1-14　手机三脚架

1.2　视频拍摄的基本技巧

画面虚实清晰是拍好照片的基本要求，也是拍摄视频最基本的要求，影响画面清晰的因素有很多，想要拍摄出 10 万＋点赞量的视频，除了要有合适的拍摄设备外，还要具备基本的拍摄技巧，笔者认为大家可以从精准聚焦、专业模式、相机设置、拍摄姿势、画面构图 5 个方面进行思考，本节就来分别进行解读。

1.2.1 精准聚焦：确保画面稳定清晰

如果用户在拍摄短视频时，画面不稳定或者主体对焦不够准确，则很容易造成画面模糊。如果仅仅靠手臂或身体来保持稳定是远远不够的，那该怎么办呢？为了避免出现这种情况，最好的方法就是借助外力保持稳定，可以使用支架、手持稳定器、自拍杆或其他物体来固定手机，防止镜头在拍摄时抖动。

另外，用户还可以在拍摄时点击屏幕，让相机的焦点对准画面中的主角，然后点击拍摄按钮开始录视频，这样既可获得清晰的视频画面，还能突出主体对象。其中，抖音的对焦功能比较简单，用户直接点击屏幕切换对焦点即可，如图 1-15 所示。

快手则多了曝光调整功能，用户不仅可以切换对焦点，还可以拖曳图标来精准控制主体的曝光范围，如图 1-16 所示。

图 1-15 抖音的对焦功能

图 1-16 快手的对焦和曝光调整功能

1.2.2 专业模式：满足特殊拍摄需求

很多手机自动的相机应用都有专业拍摄模式，用户可以自主调整更多参数，如延时拍摄、慢动作拍摄、慢门光影拍摄、大光圈虚化背景拍摄、GIF 动画拍摄、人脸识别自动补光、添加水印、"去雾霾"、"测脸龄"、微距拍摄、自动美颜等功能，这种超前的技术，可以让普通人也能轻松拍出各种有趣的视频画面。

用户在拍摄短视频时，可以调出手机的专业模式，然后选择对应的功能即可。不同的手机拥有不同的拍摄功能，用户可以自行探索和试拍。图 1-17 所示为华为手机相机中自带的延时摄影和慢动作拍摄功能。

图 1-17　延时摄影（左）和慢动作（右）拍摄功能

☆专家提醒☆

没有该功能的手机也可以下载一些 APP 来实现，如"GIF 制作"软件，即可直接拍摄 GIF 动态图片。

1.2.3　相机设置：选好分辨率和格式

在观看过大量的短视频后，我们发现，其实很多精美的短视频都是用手机拍摄出来的。很多人也想用手机拍摄出高质量的短视频，但拍出来的视频效果却平平无奇，这是因为没有选好分辨率和格式。

在拍摄短视频之前，用户需要选择正确的分辨率和文件格式，通常建议将分辨率设置为 1080p（FHD）、18：9（FHD+）或者 4K（UHD），如图 1-18 所示。FHD 是 Full High Definition 的缩写，即全高清模式；FHD+ 是一种略高于 2K 的分辨率，也就是加强版的 1080p；而 UHD（Ultra High Definition 的简写）则是超高清模式，即通常所指的 4K，其分辨率是全高清（FHD）模式的 4 倍。

图 1-18　手机相机的分辨率设置

　　例如，抖音短视频的默认竖屏分辨率为 1080px×1920px，横屏分辨率为 1920px×1080px。用户在抖音上传拍好的短视频时，系统会对其压缩，因此建议用户先对视频进行修复处理，避免上传后产生模糊的现象。

　　另外，用户在使用手机自带的相机拍视频或拍照时，也可以借助网格线辅助画面的构图，更好地将观众的视线聚焦到主体对象上，如图 1-19 所示。

图 1-19　使用网格功能辅助画面的构图

1.2.4 拍摄姿势：跟着网红学习拍照

抖音、快手等短视频的拍摄姿势与传统的人像摄影姿势还是有一些区别的，笔者通过分析这些平台上的大部分热门短视频作品，将其总结为"不好好站着"和"不好好坐着"两大类。

（1）"不好好站着"：在短视频中，人物可以更加无拘无束地摆弄身体，也可以做出一些小动作，如举手、踢脚、歪着头等，或者一群人摆出一个集体造型，拍出亮眼、好玩的创意姿势，如图1-20所示。

（2）"不好好坐着"：在拍摄人物坐着的短视频画面时，可以让她摆出各种可爱有趣的表情动作，如双手抱膝、盘腿坐、遮眼、剪刀手、猫爪手、托下巴、眨眼、秘密手势等，如图1-21所示。

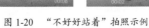

图1-20 "不好好站着"拍照示例　　　　图1-21 "不好好坐着"拍照示例

1.2.5 画面构图：突出画面主体内容

短视频要想获得系统推荐，快速上热门，好的内容质量是基本要求，而构图则是拍好短视频必须掌握的基础技能。拍摄者可以用合理的构图方式来突出主体、聚集视线和美化画面，从而突出视频中的人物或景物的吸睛之点，以及掩盖瑕疵，让短视频的内容更加优质。

短视频画面构图主要由主体、陪体和环境三大要素组成，主体对象包括人物、动物和各种物体，是画面的主要表达对象；陪体是用来衬托主体的元素；环境则是主体或陪体所处的场景，通常包括前景、中景和背景等，如图 1-22 所示。

- 构图：下三分线构图
- 主体：人物
- 陪体：围栏
- 环境：水塘、树木（中景）、天空（背景）

- 构图：斜线构图
- 主体：人物
- 陪体：围栏
- 环境：水塘、树木（中景）

图 1-22　短视频构图解析示例

　　笔者总结了一些热门的短视频构图形式，大家在拍摄时可以参考运用，如图 1-23 所示。

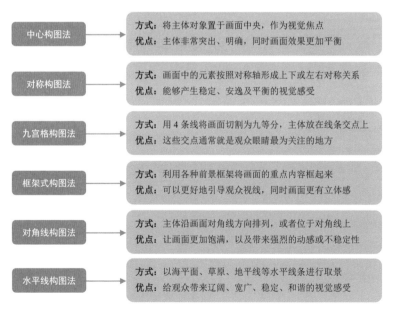

中心构图法	**方式**：将主体对象置于画面中央，作为视觉焦点 **优点**：主体非常突出、明确，同时画面效果更加平衡
对称构图法	**方式**：画面中的元素按照对称轴形成上下或左右对称关系 **优点**：能够产生稳定、安逸及平衡的视觉感受
九宫格构图法	**方式**：用 4 条线将画面切割为九等分，主体放在线条交点上 **优点**：这些交点通常就是观众眼睛最为关注的地方
框架式构图法	**方式**：利用各种前景框架将画面的重点内容框起来 **优点**：可以更好地引导观众视线，同时画面更有立体感
对角线构图法	**方式**：主体沿画面对角线方向排列，或者位于对角线上 **优点**：让画面更加饱满，以及带来强烈的动感或不稳定性
水平线构图法	**方式**：以海平面、草原、地平线等水平线条进行取景 **优点**：给观众带来辽阔、宽广、稳定、和谐的视觉感受

图 1-23　短视频的热门构图方式

学前提示：

短视频的发展速度大家有目共睹，我们找到合适的拍摄器材远远不够，还要在短视频中加入一点点创意玩法，那么这个作品离火爆就不远了。本章笔者为大家总结了一些短视频常用的创意玩法，帮助大家方便、快捷地打造爆款短视频。

第2章

创意拍摄：打造看点十足的短视频

要点展示：

⊙ 特色视频录制方法分享

⊙ 特殊视频内容打造技巧

2.1 特色视频录制方法分享

抖音和快手等平台上有很多特色的短视频内容，如电影解说、游戏录屏、课程教学、翻拍改编等，本节将介绍这些短视频内容的制作方法。

2.1.1 电影解说：对内容进行再创作

在西瓜视频和抖音上，常常可以看到各种电影解说的短视频作品，这种内容创作形式相对简单，只要会剪辑软件的基本操作即可完成。电影解说短视频的主要内容形式为剪辑电影中的主要剧情桥段，同时加上语速轻快、幽默诙谐的配音解说。

这类短视频的主要难点在于用户需要具有极强的文案策划能力，能够在短时间内讲清电影内容，让观众对电影情节有一个大致的了解。电影解说类短视频的制作技巧如图 2-1 所示。

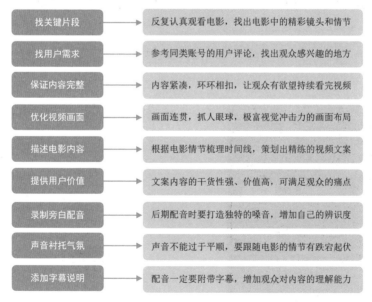

找关键片段	→	反复认真观看电影，找出电影中的精彩镜头和情节
找用户需求	→	参考同类账号的用户评论，找出观众感兴趣的地方
保证内容完整	→	内容紧凑，环环相扣，让观众有欲望持续看完视频
优化视频画面	→	画面连贯，抓人眼球，极富视觉冲击力的画面布局
描述电影内容	→	根据电影情节梳理时间线，策划出精练的视频文案
提供用户价值	→	文案内容的干货性强、价值高，可满足观众的痛点
录制旁白配音	→	后期配音时要打造独特的嗓音，增加自己的辨识度
声音衬托气氛	→	声音不能过于平顺，要跟随电影的情节有跌宕起伏
添加字幕说明	→	配音一定要附带字幕，增加观众对内容的理解能力

图 2-1　电影解说类短视频的制作技巧

这种电影解说的短视频时间通常为 1 分钟左右，甚至更长。在过去，用户想要上传 1 分钟长的视频，需要满足 1000 以上的粉丝数量才行，如今抖音已经将门槛降低，即使 0 粉丝也能够发布 1 分钟长的视频，如图 2-2 所示。

另外，用户也可以进入抖音的"设置"界面，选择"反馈与帮助"选项，如图 2-3 所示。进入"反馈与帮助"界面，在其中选择"如何上传 1-15 分钟的视频？"问题，如图 2-4 所示。

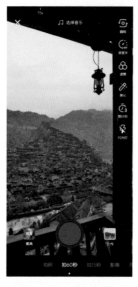

图 2-2 拍 60 秒长视频模式　　　　图 2-3 选择"反馈与帮助"选项

执行操作后，进入"抖音视频"界面，用户可以点击"点击上传"按钮，根据提示拍摄或上传符合相关要求的成品视频即可，如图 2-5 所示。

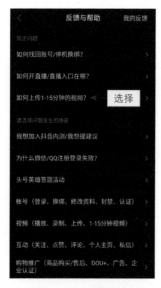

图 2-4 选择相应问题　　　　　　图 2-5 点击"点击上传"按钮

2.1.2 游戏录屏：两端录制方法解密

游戏类短视频是一种非常火爆的内容形式，在制作这种类型的内容时，用户必须掌握游戏录屏的操作方法。

1. 手机录屏

大部分智能手机自带录屏功能，快捷键通常为长按【电源键＋音量键】开始，按【电源键】结束，用户可以尝试或者上网查询自己手机的录屏方法，打开游戏后，按下录屏快捷键即可开始录制画面，如图 2-6 所示。

图 2-6　使用手机进行游戏录屏

对于没有录屏功能的手机来说，可以去手机应用商店中搜索下载一些录屏软件，如图 2-7 所示。另外，用户还可以通过剪映 APP 的"画中画"功能来合成游戏录屏界面和主播真人出镜的画面，制作更加生动的游戏类短视频作品，如图 2-8 所示。"画中画"功能的具体操作方法将会在后面的章节进行详细介绍。

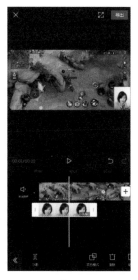

图 2-7　下载手机录屏软件　　　　图 2-8　使用剪映 APP 合成视频

2. 计算机录屏

计算机录屏的工具非常多，如 Windows 10 系统和 PPT 2016 都自带录屏功能。在 Windows 10 系统中，用户可以按【Win ＋ G】组合键调出录屏工具栏，然后单击红色的圆形按钮即可开始录制计算机屏幕，如图 2-9 所示。

图 2-9　Windows 10 系统的录屏工具

如果 Windows 系统的版本比较低，用户也可以在计算机上安装 PPT 2016，启动软件后切换至"录制"功能区，在"自动播放媒体"选项板中单击"屏幕录制"按钮即可，如图 2-10 所示。

图 2-10　PPT 2016 系统的录屏工具

然后在计算机中打开游戏应用，单击"选择区域"按钮，框选要录制的游戏界面区域，单击"录制"按钮即可开始录制游戏视频，如图 2-11 所示。

图 2-11　使用 PPT 录制游戏视频

上述介绍的都是比较简单的录屏方法，这些方法的优点在于快捷方便。如果用户想制作更加专业的教学类视频或者游戏直播，则需要下载功能更为丰富的专业录屏软件，如迅捷屏幕录制工具，该软件具有录屏设置、全屏录制、区域录制、游戏模式、添加文本、画线、局部放大、转为 GIF、语言设置、快捷键设置等功能，如图 2-12所示。

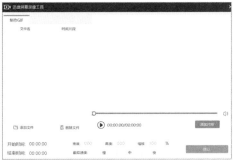

图 2-12　迅捷屏幕录制工具

另外，用户也可以在计算机上安装手机模拟器，如雷电模拟器、逍遥模拟器、夜神安卓模拟器、蓝叠模拟器、MuMu 模拟器等，这些模拟器可以让用户能够在计算机上畅玩各种手游和应用软件，录制游戏视频更为方便，如图 2-13 所示。

图 2-13　使用模拟器在计算机上玩手游，录屏操作更方便

2.1.3　课程教学：拍出分享类短视频

在短视频时代，我们可以非常方便地将自己掌握的知识录制成课程教学的短视

频，然后通过短视频平台来传播并售卖给受众，从而帮助创作者获得不错的收益和知名度。下面笔者总结了一些创作知识技能类短视频的相关技巧，如图 2-14 所示。

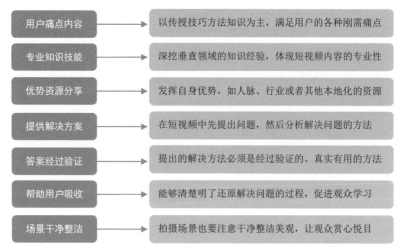

图 2-14 创作知识技能类短视频的相关技巧

例如，"手机摄影构图大全"是构图君的一个分享手机摄影构图技能的抖音号，粉丝数量接近 20 万，如图 2-15 所示。这种摄影构图类的短视频非常受爱好摄影及想学习摄影技术的用户喜欢。

图 2-15 "手机摄影构图大全"抖音号和摄影构图短视频示例

对于课程教学类短视频来说，操作部分相当重要，笔者的每一个短视频技能都是从自身的微信公众号、QQ 群、网站、抖音、头条号等平台，根据点击量、阅读量和粉丝咨询量等数据，精心挑选出来的热门、高频的实用案例。

同时，"手机摄影构图大全"抖音号还直接通过抖音平台来实现商业变现，他开通了该平台的商家号，售卖自己的知识技能短视频和相关书籍，如图 2-16 所示。在线教学是一种非常有特色的知识变现方式，也是一种效果比较可观的吸金方式。如果用户要通过短视频开展在线教学服务的话，首先必须在某一领域比较有实力和影响力，这样才能确保教给付费者的东西是有价值的。

图 2-16　构图君通过抖音商家号实现知识变现

☆专家提醒☆

　　用户如果在某一领域或行业经过一段时间的经营，拥有了一定的影响力或者有一定经验之后，也可以将自己的经验进行总结，然后出版图书，以此获得收益。只要作者本身有实力基础与粉丝支持，那么收益还是很可观的。例如，头条号"手机摄影构图大全"和公众号"凯叔讲故事"等账号都采取了这种方式获得盈利。

2.1.4　翻拍改编：给经典加上新创意

如果用户在策划短视频内容时很难找到创意，也可以去翻拍和改编一些经典的影视作品。例如，由周星驰执导并主演的经典影片《喜剧之王》，其中男主角对女主角说了一句"我养你啊"，这个桥段在网络上被众多用户翻拍，其话题播放量在抖音上就达到了 6.7 亿次，如图 2-17 所示。

图 2-17　"＃我养你啊"抖音话题挑战赛

用户在寻找翻拍素材时，可以去豆瓣电影平台上找各类影片排行榜，如图 2-18 所示。将排名靠前的影片都列出来，然后去其中搜寻经典的片段，包括某个画面、道具、台词、人物造型等内容，可以将其用到自己的短视频中。

图 2-18　豆瓣电影排行榜

2.2　特殊视频内容打造技巧

短视频的类型多种多样，除了上一节的特色视频录制外，笔者还总结出换装视频、合拍视频、节日热点、创意动画 4 种特殊视频内容的打造技巧，本节将一一进行介绍。

2.2.1　换装视频：自带热门话题属性

抖音换装视频也是被广大用户模仿跟拍的一个热梗，看上去趣味十足，很容易吸引观众眼球，而且这种视频制作起来也非常简单。

在拍摄热门的"一秒换装"视频时，用户可以借助"长按拍摄"功能来更加方便地进行分段拍摄，如图 2-19 所示。

图 2-19　借助"长按拍摄"功能拍摄分段视频

用户穿好一套衣服后，可以按住"按住拍"按钮拍摄几秒的视频，然后松开手，即可暂停拍摄。

此时，用户可以再换另一套衣服，摆出跟刚才暂停前相近的姿势，重复前面的"拍摄→暂停"步骤，直到换装完成即可。

2.2.2　合拍视频：蹭流量增加曝光度

抖音、快手中常常可以看到很多有意思的合拍短视频玩法，如"忠哥对唱合拍""西瓜妹合拍""小猫合拍"等。

大家之所以都喜欢与热门视频合拍，不仅是因为能够跟喜欢的人、喜欢的视频录同款视频，把快乐分享出去，消遣取乐，更是希望自己的作品也能蹭到热度，获得粉丝的关注，有更好的互动功能。下面介绍使用抖音合拍视频的操作方法。

Step 01 用户找到自己想要合拍的短视频，然后点击视频右下方的"分享"按钮，如图 2-20 所示。

Step 02 在弹出"分享到"菜单中，可以看到里面有"保存本地""收藏""合拍"等选项，点击"合拍"按钮，如图 2-21 所示，

图 2-20　点击分享按钮　　　　　　图 2-21　点击"合拍"按钮

Step 03 用户可以添加道具、设置速度和美化效果等，点击"拍摄"按钮即可开始合拍，如图 2-22 所示。

Step 04 拍摄完成后，用户还可以对不满意的地方进行修改，再次设置特效、封面和滤镜效果等，如图 2-23 所示。点击"下一步"按钮即可发布视频。

图 2-22　开始合拍　　　　　　　　图 2-23　拍摄完成

☆专家提醒☆

合拍视频后，系统会自动生成"和×××（账号）"的合拍标题。用户也可以将其删除，然后自定义新的标题文案。

2.2.3　节日热点：用节日增加视频人气

目前，节日热点是用来增加视频人气的一个不错选择，无论是传统的节日，如春节、端午节等，还是现在新"发明"的流行节日，如"520""双 11"等都受到大众的追捧。各种节日向来都是营销的旺季，用户在制作短视频时，也可以借助节日热点来进行内容创新，提升作品的曝光量。例如，在抖音或快手平台上就有很多与节日相关的道具，而且这些道具是实时更新的，用户在做短视频时不妨试一试，说不定能够为你的作品带来更多人气，如图 2-24 所示。

图 2-24　蹭节日热度的短视频示例

除此之外，用户还可以从拍摄场景、服装、角色造型等方面入手，在短视频中打造节日氛围，引起观众共鸣，在短视频中蹭节日热度，具体相关技巧如下。

⊙　节日人物 IP：采用各种节日人物 IP 作为主角，如"圣诞老人"。

⊙　新年愿望清单：做一个新年愿望清单，用短视频带动观众一起许愿。

⊙　平台节日话题：积极参与平台推出的节日话题，获得更多流量扶持。

⊙　节日贴纸道具：使用有趣的节日贴纸，拍摄各种好玩的短视频。

⊙　线下节庆活动：拍摄线下的节庆活动画面，如节日晚会、灯展等。

2.2.4 创意动画：像 PPT 一样做短视频

在创作短视频时，用户可以使用"来画视频"工具轻松创作出各种产品宣传、活动促销或员工培训的视频，下面介绍具体的操作方法。

Step 01 进入并登录"来画视频"官网，单击"制作视频"按钮，如图 2-25 所示。

图 2-25　单击"制作视频"按钮

Step 02 进入"模板广场"页面，用户可以在此处根据标签来筛选合适的模板，也可以直接在搜索框中输入相应关键词来查找，如笔者这里选择的是"卡通动漫"风格，如图 2-26 所示。

图 2-26　"模板广场"页面

Step03 执行操作后，即可列出所有"卡通动漫"风格的视频模板，选择相应模板并单击"立即使用"按钮，不仅可以提升创作效率，而且动画形式的内容也更加有趣、生动，如图 2-27 所示。

图 2-27　单击"立即使用"按钮

☆专家提醒☆

用户选择模板的同时，也可以单击"查看完整"按钮，预览模板视频的主要内容，如图 2-28 所示。

图 2-28　预览模板视频内容

Step04 预览完模板视频的主要内容后，如果是用户所需要的模板，那么就单击右下方的"立即使用"按钮，接下来就会出现 3 分钟的操作步骤演示，点击"开始"按钮，如图 2-29 所示。3 分钟的新手教程会把每一步都操作一遍，保证每一位用户都能操作使用，如果看一遍忘记了操作步骤，还可以进行反复观看。

图 2-29　显示操作帮助

Step05 观看完演示视频后，就进入了视频模板编辑界面，用户可以替换其中的动画元素，以及添加文字、角色、道具、形状和声音等元素，还可以修改动画路径和动画效果类型，快速完成动画短视频的制作，如图 2-30 所示。

图 2-30　视频模板编辑界面

学前提示：

如今，剪辑短视频的工具越来越多，用户的选择也越来越多。剪映 APP 是一款功能非常全面的手机剪辑工具，能够让用户轻松在手机上完成 Vlog 剪辑。本章以剪映 APP 为例，介绍视频后期处理的常用操作方法及短视频的音频处理技巧。

第 3 章

轻松剪辑：在手机上完成视频效果

要点展示：
- ⊙ 视频简单剪辑方法
- ⊙ 视频中阶剪辑方法
- ⊙ 音频简单剪辑方法

3.1　视频简单剪辑方法

做好短视频最基础的技能就是剪辑，剪映 APP 是一款功能非常丰富的剪辑工具，非常适合元素丰富的短视频剪辑，用户可以通过剪映 APP 对图片、特效、滤镜、音频等素材与视频进行重新组合，对视频进行分割、合并和二次创造，编辑成一个精彩的短视频作品。

本节笔者将从剪映 APP 的基本操作、添加滤镜、添加特效、制作背景 4 个方面分别进行说明。

3.1.1　基本操作：视频的剪辑与删除

短视频剪辑的基本操作包括对视频的分割、加速放慢、旋转、镜像、裁剪等处理。下面介绍使用剪映 APP 对短视频进行剪辑处理的操作方法。

Step01 在剪映 APP 中导入一段事先准备好的视频素材，点击左下角的"剪辑"按钮，如图 3-1 所示。

Step02 执行操作后，进入视频剪辑界面，这时可以对视频画面进行长度的调整，如图 3-2 所示。

图 3-1　点击"剪辑"按钮　　　　图 3-2　进入视频剪辑界面

Step 03 对视频长度进行调整后，移动时间轴至两个片段的相交处，点击"分割"按钮，即可分割视频，如图 3-3 所示。

Step 04 点击"变速"按钮，可以调整视频的播放速度，如图 3-4 所示。

图 3-3　分割视频　　　　　　　　　　　　图 3-4　变速处理界面

Step 05 移动时间轴，❶选择视频的片尾；❷点击"删除"按钮，如图 3-5 所示。

Step 06 执行操作后，即可删除片尾，如图 3-6 所示。

图 3-5　点击"删除"按钮　　　　　　　　　图 3-6　删除片尾

Step 07 在剪辑界面点击"编辑"按钮，可以对视频进行旋转、镜像、裁剪等编辑处理，如图 3-7 所示。

Step 08 在剪辑界面点击"复制"按钮，可以快速复制选择的视频片段，如图 3-8 所示。

图 3-7　视频编辑功能　　　　　　图 3-8　复制选择的视频片段

Step 09 在剪辑界面点击"倒放"按钮，系统会对所选择的视频片段进行倒放处理，并显示处理进度，如图 3-9 所示。

Step 10 稍等片刻，即可倒放所选视频，如图 3-10 所示。

图 3-9　显示倒放处理进度　　　　　图 3-10　倒放所选视频

Step 11 在制作视频结尾时，用户可在剪辑界面点击右下方的"定格"按钮，如图 3-11 所示。

Step 12 执行操作后，时间轴上会多出一段定格的画面，再使用双指放大时间轴中的画面片段，即可延长该片段的持续时间，实现定格效果，如图 3-12 所示。

图 3-11　点击"定格"按钮　　　　图 3-12　实现定格效果

Step 13 点击右上角的"导出"按钮，即可导出视频，效果如图 3-13 所示。

图 3-13　导出并预览视频

3.1.2 添加特效：让视频内容更加酷炫

下面介绍使用剪映 APP 为短视频添加特效的操作方法。

Step 01 在剪映 APP 中导入一个视频素材，点击底部的"特效"按钮，如图 3-14 所示。

Step 02 进入特效编辑界面，在"基础"特效列表框中选择"柔光"效果，如图 3-15 所示。

图 3-14　点击"特效"按钮　　　　图 3-15　选择"柔光"效果

Step 03 进入"画面特效"界面，并添加"柔光"特效，如图 3-16 所示。

Step 04 选择"柔光"特效，拖曳其时间轴右侧的白色拉杆，调整特效的持续时间，如图 3-17 所示。

图 3-16　添加"柔光"特效　　　　图 3-17　调整特效的持续时间

Step 05 ❶拖曳时间轴至"开幕"特效的结束位置处；❷点击"新增特效"按钮，如图 3-18 所示。

Step 06 在"梦幻"特效列表框中选择"蝴蝶Ⅱ"效果，如图 3-19 所示。

图 3-18　点击"新增特效"按钮　　　　　图 3-19　选择"蝴蝶Ⅱ"效果

Step 07 执行操作后，即可添加"蝴蝶Ⅱ"特效，如图 3-20 所示。

Step 08 ❶拖曳时间轴至"蝴蝶Ⅱ"特效的结束位置处；❷点击"新增特效"按钮，如图 3-21 所示。

图 3-20　添加"蝴蝶Ⅱ"特效　　　　　图 3-21　点击"新增特效"按钮

Step 09 在"梦幻"特效列表框中选择"烟雾"效果，如图 3-22 所示。

Step 10 执行操作后，即可在视频结尾处添加"烟雾"特效，如图 3-23 所示。

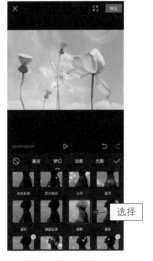

图 3-22 选择"烟雾"效果

图 3-23 添加"烟雾"特效

Step 11 点击右上角的"导出"按钮，即可导出视频预览特效，如图 3-24 所示。

图 3-24 导出并预览视频

3.1.3 添加滤镜：选择视频的呈现风格

下面介绍使用剪映 APP 为短视频添加滤镜效果的操作方法。

Step01 在剪映 APP 中导入一个视频素材，点击底部的"滤镜"按钮，如图 3-25 所示。

Step02 进入滤镜编辑界面，点击"新增滤镜"按钮，如图 3-26 所示。

图 3-25　点击"滤镜"按钮　　　　图 3-26　点击"新增滤镜"按钮

Step03 调出滤镜菜单，根据视频场景选择合适的滤镜效果，如图 3-27 所示。

Step04 选中滤镜时间轴，拖曳右侧的白色滑块，调整滤镜的持续时间与视频一致，如图 3-28 所示。

图 3-27　选择合适的滤镜效果　　　　图 3-28　调整滤镜的持续时间

Step05 点击底部的"滤镜"按钮，调出滤镜菜单，再次点击所选择的滤镜效果，拖曳白色圆圈滑块，适当调整滤镜程度，如图 3-29 所示。

Step 06 点击"导出"按钮导出视频，预览视频效果，如图 3-30 所示。

图 3-29　调整滤镜程度

图 3-30　预览视频效果

3.1.4　制作背景：增加视频内容丰富度

下面介绍使用剪映 APP 制作短视频背景效果的操作方法。

Step 01 在剪映 APP 中导入一个视频素材，点击底部的"比例"按钮，如图 3-31 所示。

Step 02 调出比例菜单，选择 9 ∶ 16 选项，调整屏幕的显示比例，如图 3-32 所示。

图 3-31　点击"比例"按钮

图 3-32　选择 9 ∶ 16 选项

Step 03 返回主界面，点击"背景"按钮，如图 3-33 所示。

Step 04 进入背景编辑界面，点击"画布颜色"按钮，如图 3-34 所示。

图 3-33　添加"背景"特效

图 3-34　点击"画布颜色"按钮

Step 05 调出"画布颜色"菜单，用户可以在其中选择合适的背景颜色效果，如图 3-35 所示。

Step 06 在背景编辑界面点击"画布样式"按钮，调出相应菜单，如图 3-36 所示。

图 3-35　选择背景颜色效果

图 3-36　调出"画布样式"菜单

Step07 用户可以在下方选择默认的画布样式模板，如图 3-37 所示。

Step08 另外，用户也可以点击📷按钮，打开手机相册，在其中选择合适的背景图片或视频，如图 3-38 所示。

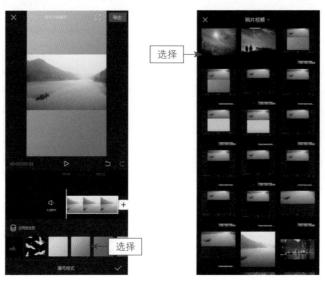

图 3-37　选择画布样式模板　　　　　　图 3-38　选择背景图片

Step09 执行操作后，即可设置自定义的背景效果，如图 3-39 所示。

Step10 在背景编辑界面中点击"画布模糊"按钮，调出相应菜单，选择合适的模糊程度，即可制作出抖音中火爆的分屏模糊视频效果，如图 3-40 所示。

图 3-39　设置自定义的背景效果　　　　图 3-40　选择合适的模糊程度

Step 11 点击右上角的"导出"按钮，即可导出视频，预览特效，可以看到画面分为上中下三屏，上端和下端的分屏呈模糊状态显示，而中间的画面则呈清晰状态显示，可以让画面主体更加聚焦，如图 3-41 所示。

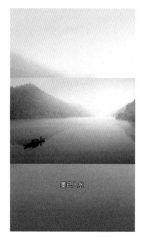

图 3-41　导出并预览视频

3.2　视频中阶剪辑方法

学会了短视频的简单剪辑后，为了让视频画面更加丰富精致，我们还要学习视频的中阶剪辑方法，笔者总结了添加转场、添加动画、光影色调、视频合成 4 种中阶剪辑方法，本节将为大家一一介绍。

3.2.1　添加转场：更好地衔接视频画面

下面介绍使用剪映 APP 为短视频添加转场效果的操作方法。

Step 01 在剪映 APP 中导入一个视频素材，点击两个视频片段中间的 I 图标，如图 3-42 所示。

Step 02 执行操作后，进入"转场"编辑界面，如图 3-43 所示。

☆专家提醒☆

如果视频的素材比较多，而且都来自不同的拍摄场景，在后期剪辑时可以适当用转场来进行过渡，这样会让不同场景视频片段的衔接处更显自然。

图 3-42　点击相应图标按钮　　　　　　图 3-43　进入"转场"编辑界面

Step 03 切换至"特效转场"选项卡，向左滑动，选择"放射"转场效果，如图 3-44 所示。

Step 04 在"特效转场"选项卡下方有"转场时长"滑块，可以适当向右拖曳"转场时长"滑块，调整转场效果的持续时间，如图 3-45 所示。

图 3-44　选择"放射"转场效果　　　　　　图 3-45　调整"转场时长"

Step 05 依次点击"应用到全部"按钮和 ✔ 按钮，确认添加转场效果，点击第 2 个视频片段和第 3 个视频片段中间的 ▷◁ 图标，如图 3-46 所示。

Step 06 切换至"特效转场"选项卡，往左滑动，选择"炫光"转场效果，再调整
转场时长，点击应用到全部，如图 3-47 所示。

图 3-46　添加转场效果　　　　　图 3-47　选择"炫光"转场效果

Step 07 点击 按钮，修改转场效果，点击右上角的"导出"按钮，导出并预览视频，
效果如图 3-48 所示。

图 3-48　导出并预览视频

3.2.2　添加动画：增加视频内容的看点

下面介绍使用剪映 APP 为短视频添加动画效果的操作方法。

Step 01 在剪映 APP 中导入一个视频素材，点击选择相应的视频片段，如图 3-49 所示。

Step 02 进入视频片段的剪辑界面，点击底部的"动画"按钮，如图 3-50 所示。

图 3-49　选择相应视频片段　　　　　图 3-50　点击"动画"按钮

Step 03 调出动画菜单，向左滑动，在其中选择"降落旋转"动画效果，如图 3-51 所示。

Step 04 根据需要适当调整"动画时长"，如图 3-52 所示。

图 3-51　选择"降落旋转"动画效果　　　　图 3-52　调整"动画时长"

Step05 选择第 2 段视频，添加"抖入放大"动画效果，如图 3-53 所示。

Step06 选择第 3 段视频，添加"向右甩入"动画效果，如图 3-54 所示。

图 3-53　添加"抖入放大"动画效果　　图 3-54　添加"向右甩入"动画效果

Step07 点击 ✓ 按钮，确认添加多个动画效果，并点击右上角的"导出"按钮，导出并预览视频，效果如图 3-55 所示。

图 3-55　导出并预览视频

3.2.3　视频合成：将多个视频变成一个

下面介绍使用剪映 APP 对两个视频进行合成处理的操作方法。

Step 01 在剪映 APP 中导入一个视频素材，点击"画中画"按钮，如图 3-56 所示。

Step 02 进入画中画编辑界面，点击底部的"新增画中画"按钮，如图 3-57 所示。

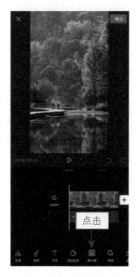

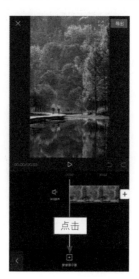

图 3-56　点击"画中画"按钮　　　　图 3-57　点击"新增画中画"按钮

Step 03 进入手机素材库，选择要合成的视频素材，如图 3-58 所示。

Step 04 点击"添加"按钮，即可添加视频素材，如图 3-59 所示。

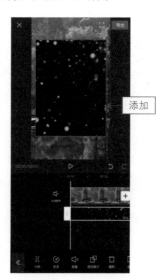

图 3-58　选择视频素材　　　　　　图 3-59　添加视频素材

Step 05 在视频预览区中适当调整视频素材的大小和位置，让视频素材占满画面，如图 3-60 所示。

Step 06 点击"混合模式"按钮，调出其菜单，向左滑动，选择"滤色"选项，即可合成雪景视频效果，如图 3-61 所示。用户还可对其不透明度进行改变，让视频画面更加真实。

 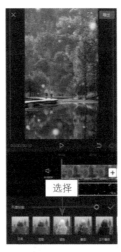

图 3-60　调整视频素材　　　　　　图 3-61　选择"滤色"选项

Step 07 对视频进行细微调整后，可以先预览一遍视频效果，如果合适，则点击 ☑ 按钮，添加"混合模式"效果，点击右上角的"导出"按钮，导出并预览视频，效果如图 3-62 所示。

图 3-62　导出并预览视频

3.2.4 光影色调：让画面更加明亮好看

下面介绍使用剪映 APP 调整视频画面的光影色调的操作方法。

Step 01 在剪映 APP 中导入一个视频素材，点击底部的"调节"按钮，如图 3-63 所示。

Step 02 调出调节菜单，选择"亮度"选项，向右拖曳滑块，即可提亮画面，如图 3-64 所示。

图 3-63　点击"调节"按钮　　　　　　图 3-64　调整画面亮度

Step 03 选择"对比度"选项，适当向右拖曳滑块，增强画面的明暗对比效果，如图 3-65 所示。

Step 04 选择"饱和度"选项，适当向右拖曳滑块，增强画面的色彩饱和度，如图 3-66 所示。

图 3-65　调整画面对比度　　　　　　图 3-66　调整画面的色彩饱和度

Step05 适当向右拖曳"锐化"滑块，增加画面的清晰度，如图 3-67 所示。

Step06 适当向右拖曳"高光"滑块，可以增加画面中高光部分的亮度，如图 3-68 所示。

图 3-67　调整画面的清晰度　　　　　　图 3-68　调整画面的高光亮度

Step07 适当向右拖曳"阴影"滑块，可以增加画面中阴影部分的亮度，如图 3-69 所示。

Step08 适当向右拖曳"色温"滑块，增强画面的暖色调效果，如图 3-70 所示。

图 3-69　调整画面阴影亮度　　　　　　图 3-70　调整画面色温

Step09 适当向左拖曳"色调"滑块，增强天空的蓝色效果，如图 3-71 所示。

Step10 选择"褪色"选项，向右拖曳滑块，可以降低画面的色彩浓度，如图 3-72 所示。

图 3-71　调整画面色调　　　　　图 3-72　调整"褪色"选项效果

Step11 点击右下角的 ✔ 按钮，应用影调调节效果，如图 3-73 所示。

Step12 调整"调节"效果的持续时间，与视频时间保持一致，如图 3-74 所示。

图 3-73　应用影调调节效果　　　　图 3-74　调整"调节"效果的持续时间

Step13 点击右上角的"导出"按钮，导出并预览视频，效果如图 3-75 所示。

图 3-75　导出并预览视频

3.3　音频简单剪辑方法

剪辑短视频除了对画面进行剪辑外，还要对其声音进行剪辑，本节分别介绍录制旁白、选择音频、处理素材的操作方法。

3.3.1　录制旁白：增加视频的画面感

下面介绍使用剪映 APP 录制语音旁白的操作方法。

☆专家提醒☆

录制旁白的时候要选择一个安静的环境，人声吐字要清晰自然。这样在后期给视频添加字幕时，就可以直接用声音来识别字幕，省去了做字幕的步骤，能够提升短视频的出片效率。

Step01 在剪映 APP 中导入视频素材，点击"关闭原声"按钮，将短视频原声设置为静音，如图 3-76 所示。

Step02 点击"音频"按钮，进入其编辑界面，点击"录音"按钮，如图 3-77 所示。

Step03 进入录音界面，下方有一个红色的录音按钮，按住红色的录音键不放，即可开始录音，如图 3-78 所示。如果中途松开了录音键，再次录制时，声音轴上就会出现分割，一般一次性录制完成是最好的。

Step04 如果一段视频中有多个声音，也可以进行二次录制，只要把时间轴拖动到原来的位置再次进行同样的步骤，就可以得到两段声音，录制完成后，松开录音键即可，会自动生成音频文件，如图 3-79 所示。

图 3-76 关闭原声

图 3-77 点击"录音"按钮

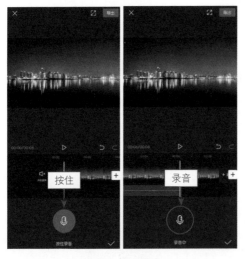

图 3-78 开始录音

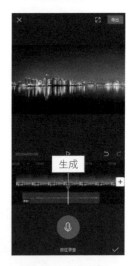

图 3-79 完成录音

3.3.2 选择音频：做好内容加分处理

在处理短视频的音频素材时，用户可以给其增加一些变速或者变声的特效，让声音效果变得更有趣。

在剪映 APP 中导入视频素材，并录制一段声音，选择录音文件，并点击底部的"变声"按钮，如图 3-80 所示。执行操作后，弹出"变声"菜单，用户可以在其中选择合适的变声效果，如大叔、萝莉、女生、男生等，点击 ✔ 按钮确认即可，如图 3-81 所示。

图 3-80　点击"变声"按钮

图 3-81　选择合适的变声效果

选择录音文件后，点击底部的"变速"按钮，弹出相应菜单，拖曳红色圆环滑块即可调整声音变速参数，如图 3-82 所示。

点击☑按钮，可以看到经过变速处理后的录音文件的持续时间明显变短了，同时还会显示变速倍速，如图 3-83 所示。

图 3-82　调整声音变速参数

图 3-83　变速处理音频素材

3.3.3　处理素材：裁剪分割背景音乐

下面介绍使用剪映 APP 裁剪与分割背景音乐素材的操作方法。

Step01 以上一例效果为例，向右拖曳音频轨道前的白色拉杆，即可裁剪音频，如图 3-84 所示。

Step02 按住音频轨道，向左拖曳至视频的起始位置处，即可完成音频的裁剪操作，如图 3-85 所示。

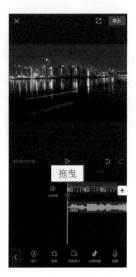

图 3-84　裁剪音频素材　　　　　　　　　图 3-85　调整音频位置

Step03 ❶拖曳时间轴，将其移至视频的结尾处；❷选择音频轨道；❸点击"分割"按钮；❹分割音频，如图 3-86 所示。

Step04 选择第 2 段音频，点击"删除"按钮，删除多余音频，如图 3-87 所示。

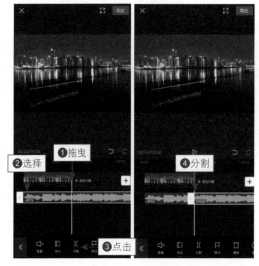
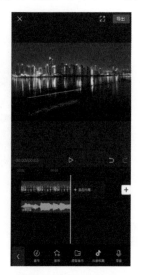

图 3-86　分割音频　　　　　　　　　　　图 3-87　删除多余的音频

学前提示：

特效和字幕是短视频中非常重要的内容元素，选择好的特效或有创意的字幕效果可以让观众眼前一亮，能够让你的作品不费吹灰之力就能上热门。本章主要介绍视频特效制作方法、视频字幕制作方法和视频高级剪辑方法。

第4章

高阶剪辑：为你的短视频增光添色

要点展示：

⊙ 视频特效制作方法

⊙ 视频字幕制作方法

⊙ 视频高级剪辑方法

4.1 视频特效制作方法

随着越来越多的人开始拍摄短视频，为了能吸引更多粉丝，现在短视频的质量越来越高，大家不再是简简单单地剪辑视频，还会对视频进行特效制作。本节分别从开头特效、中间特效、结尾特效 3 个角度进行说明。

4.1.1 开头特效：让视频更有仪式感

用户在使用剪映 APP 制作短视频的开头特效时，可以从两个方面入手，一方面是使用特效功能制作短视频的开头效果，另一方面是使用动画功能制作短视频的开头效果，下面介绍具体方法。

1. 使用特效制作短视频开头效果

下面介绍使用特效功能制作短视频开头效果的操作方法。

Step 01 在剪映 APP 中导入一个视频素材，点击正下方的"特效"按钮，如图 4-1 所示。

Step 02 进入特效编辑界面，在"基础"选项卡中可以选择各种开头特效方式，如图 4-2 所示。

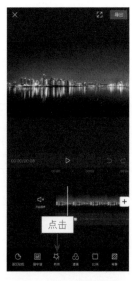

图 4-1　点击"特效"按钮

图 4-2　"基础"选项卡

Step 03 图 4-3 所示分别为开幕、开幕Ⅱ、变清晰、电影感、轻微放大、咔嚓特效方式，这些特效可以作为短视频的开头效果。

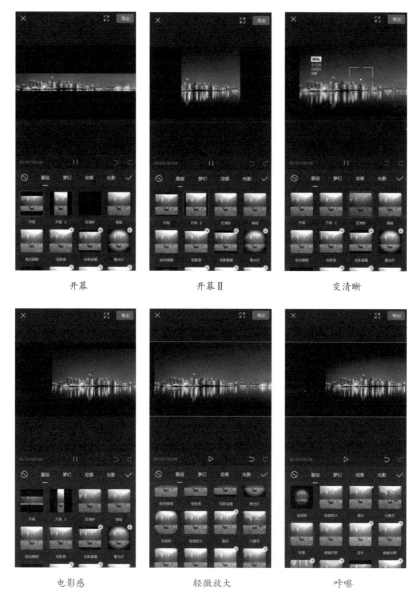

图 4-3　使用特效制作短视频开头效果

2．使用动画制作短视频开头效果

下面介绍使用动画功能制作短视频开头效果的操作方法。

Step 01 在剪映 APP 中导入一个心仪的视频素材，点击选择视频素材，或者点击下方的"剪辑"按钮，接下来会出现一个"动画"按钮，点击"动画"按钮，如图 4-4所示。

Step02 进入动画编辑界面，点击"入场动画"按钮，如图 4-5 所示。

图 4-4　点击"动画"按钮　　　　　图 4-5　点击"入场动画"按钮

Step03 在"入场动画"菜单中点击相应的动画效果缩略图，可预览动画效果，如图 4-6 所示。用户还可对其动画效果时长进行延长和缩短处理，调整好后，点击 ☑ 按钮即成功添加该效果。

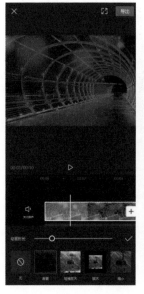

渐显　　　　　　　　　放大　　　　　　　　向右滑动

图 4-6　使用动画制作短视频开头效果

4.1.2 中间特效：让视频过渡更自然

上一节介绍了开头特效，本节介绍中间特效，依然可以从两个方面入手，一方面是使用特效功能制作短视频的中间效果，另一方面是使用动画功能制作短视频的中间效果，下面介绍具体操作方法。

1．使用特效功能制作短视频中间效果

下面介绍使用特效功能制作短视频中间效果的操作方法。

Step 01 在剪映 APP 中导入一个视频素材，点击左下角的"特效"按钮，如图 4-7 所示。

Step 02 进入特效编辑界面，在"梦幻"选项卡中可以选择各种中间特效方式，如图 4-8 所示。

图 4-7 点击"特效"按钮　　　　图 4-8 "梦幻"选项卡

☆专家提醒☆

在添加中间特效时，用户一定要先预览视频素材，对视频素材有一定的了解，在添加中间特效时才能选择与视频素材匹配的特效，确保特效添加后与视频素材不冲突，成为视频的加分项。

Step 03 图 4-9 所示分别为金粉、金粉 II、彩虹射线、星辰、火光、夜蝶特效方式，这些特效可以作为短视频的中间效果。

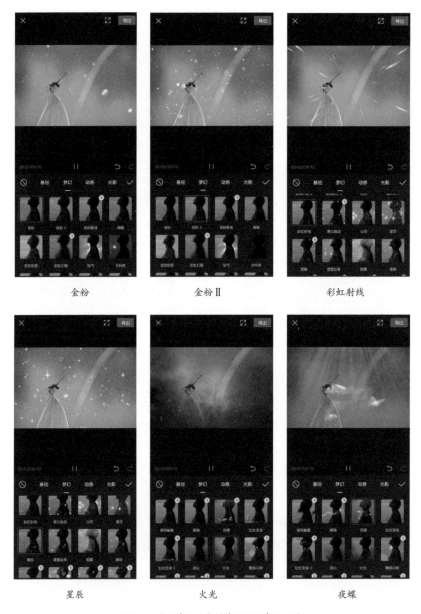

图 4-9　使用特效功能制作短视频中间效果

2. 使用动画功能制作短视频中间效果

下面介绍使用动画功能制作短视频中间效果的操作方法。

Step01 在剪映 APP 中导入一个视频素材，选择视频素材，点击"动画"按钮，如图 4-10 所示。

Step02 进入动画编辑界面，动画编辑界面有 3 种动画形式，分别是入场动画、出场动画和组合动画，当两个视频衔接不够流畅时，用户可添加组合动画，让视频过渡更加自然，点击"组合动画"按钮，如图 4-11 所示。

图 4-10　点击"动画"按钮

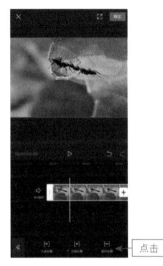
图 4-11　点击"组合动画"按钮

Step03 进入"组合动画"菜单后，里面有各种各样的组合动画效果，用户可先预览动画效果，选择合适的动画效果后，在"组合动画"菜单中点击相应的动画效果缩略图，即可添加组合动画效果，如图 4-12 所示。

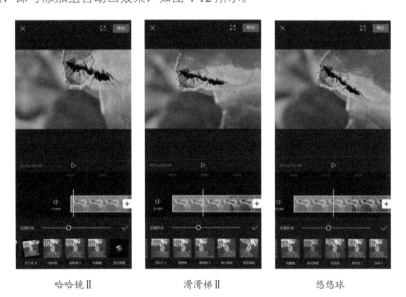

哈哈镜Ⅱ　　　　　滑滑梯Ⅱ　　　　　悠悠球

图 4-12　使用动画制作短视频中间效果

4.1.3 结尾特效：有始有终更加完美

前面两节分别介绍了开头特效和中间特效，本节介绍结尾特效，有始有终更加完美，这一部分依然分成两个方面来进行介绍。

1. 使用特效功能制作短视频结尾效果

下面介绍使用特效功能制作短视频结尾效果的操作方法。

Step01 在剪映 APP 中导入一个视频素材，点击左下角的"特效"按钮，如图 4-13 所示。

Step02 进入特效编辑界面，在"基础"选项卡中可以选择各种结尾特效方式，如图 4-14 所示。

图 4-13 点击"特效"按钮

图 4-14 "基础"选项卡

☆专家提醒☆

结尾特效与开头特效、中间特效一样重要，一个好的结尾特效可以给人留下深刻的印象。在选择结尾特效时，最重要的一点就是要选择与视频匹配的特效，千万不要标新立异，但可以在特效与视频匹配的基础上，加一点自己的小心思，如抖音上常见的"关注特效"等。

Step03 图 4-15 所示分别为模糊、全剧终、模糊闭幕、曝光降低、闭幕、闭幕 Ⅱ 特效方式，这些特效可以作为短视频的结尾效果。

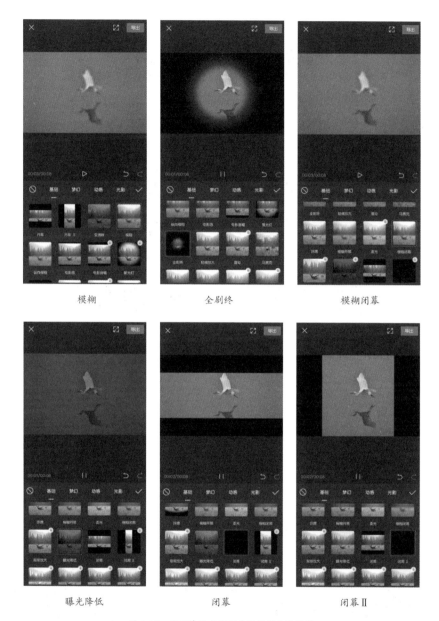

图 4-15 使用特效功能制作短视频结尾效果

2．使用动画功能制作短视频结尾效果

下面介绍使用动画功能制作短视频结尾效果的操作方法。

Step01 在剪映 APP 中导入一个视频素材，选择视频素材，点击"动画"按钮，如图 4-16 所示。

Step 02 进入动画编辑界面，点击"出场动画"按钮，如图 4-17 所示。

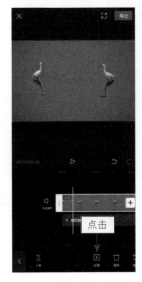

图 4-16　点击"动画"按钮　　　　　　　　　图 4-17　点击"出场动画"按钮

Step 03 在"出场动画"菜单中有渐隐、缩小、漩涡旋转等结尾特效，用户可根据短视频类型自行选择结尾特效，在"出场动画"菜单中点击相应的动画效果缩略图，即可添加出场动画效果，如图 4-18 所示。

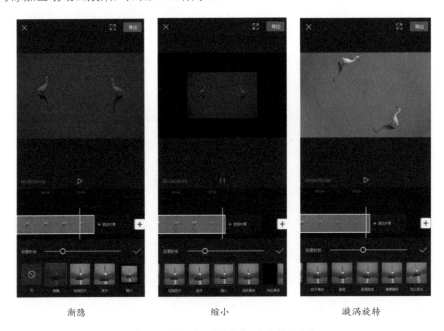

渐隐　　　　　　　　　　缩小　　　　　　　　　漩涡旋转

图 4-18　使用动画功能制作短视频结尾效果

4.2 视频字幕制作方法

以前的短视频大多是没有字幕的，随着短视频市场竞争越来越激烈，短视频的内容形式也越来越完善，除了要有画面、声音，还要有字幕。做字幕的原因一方面是因为语言问题，另一方面是为了增强短视频的画面视觉效果。

4.2.1 添加文字：让内容更加有个性

用户也可以使用剪映 APP 给短视频添加合适的文字内容，下面介绍具体的操作方法。

Step 01 打开剪映 APP，点击下方的"剪辑"按钮，在主界面中点击"开始创作"按钮，如图 4-19 所示。

Step 02 进入"照片视频"界面，❶选择合适的视频素材；❷点击"添加"按钮，如 4-20 所示。

图 4-19　点击"开始创作"按钮　　　图 4-20　选择合适的视频素材

Step 03 执行操作后，即可打开该视频素材，点击底部的"文字"按钮，如图 4-21 所示。

Step 04 进入文本编辑界面后，用户有两种输入文字的方式，一种方式是直接输入文字内容；另一种方式是长按文本框，选择剪贴板中的文字，进行粘贴，快速输入文字内容，如图 4-22 所示。

图 4-21　点击"文字"按钮　　　　　图 4-22　进入文本编辑界面

Step 05 在文本框中输入符合短视频主题的文字内容，如果文字内容过长，用户还可以分段输入，如图 4-23 所示。

Step 06 点击右下角的 ✅ 按钮确认，即可添加文字，用户还可以根据视频画面对文字素材进行调整，在预览区中按住文字素材并拖曳，即可调整文字的位置，如图 4-24 所示。

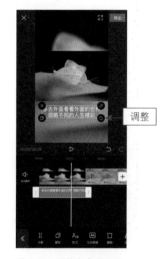

图 4-23　输入文字　　　　　　　图 4-24　调整文字的位置

4.2.2　文字效果：让文字样式更丰富

下面以上一例的效果为例，介绍设置文字效果的操作方法。

Step 01 在时间轴面板中拖曳文字图层两侧的控制柄，即可调整文字的出现时间和持续时长，如图 4-25 所示。

Step 02 进入"样式"界面，选择相应的字体，如"宋体"，效果如图 4-26 所示。

图 4-25　剪辑文字图层　　　　　　　　图 4-26　更改字体效果

Step 03 字体下方为描边样式，用户可以选择相应的样式模板，快速应用描边效果，如图 4-27 所示。

Step 04 用户也可以点击底部的"描边"选项，切换至该选项卡，在其中设置描边的颜色和粗细度参数，如图 4-28 所示。

图 4-27　应用描边效果　　　　　　　　图 4-28　设置描边效果

Step 05 切换至"阴影"选项卡，在其中可以设置文字阴影的颜色和透明度，添加阴影效果，让文字显得更为立体，如图 4-29 所示。

Step 06 切换至"字间距"选项卡，拖动滑块调整字间距效果，如图 4-30 所示。

图 4-29 添加阴影效果 　　　　　图 4-30 调整字间距

Step 07 切换至"对齐"选项卡，用户可以在此选择多种对齐方式，让文字的排列更加错落有致，如图 4-31 所示。

Step 08 点击右上角的"导出"按钮，即可预览文字效果，如图 4-32 所示。

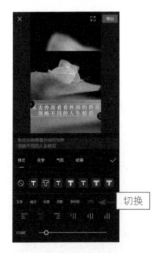

图 4-31 设置对齐方式 　　　　　图 4-32 预览文字效果

4.2.3 花字效果：制作有趣炫酷花字

用户在给短视频添加标题时，可以使用剪映 APP 的"花字"功能来制作，下面介绍具体方法。

Step 01 在剪映 APP 中导入一个视频素材，点击左下角的"文本"按钮，如图 4-33 所示。

Step 02 进入文本编辑界面，点击"新建文本"按钮，如图 4-34 所示。

图 4-33 点击"文本"按钮

图 4-34 点击"新建文本"按钮

Step 03 在文本框中输入符合短视频主题的文字内容，如图 4-35 所示。

Step 04 ❶在预览区中按住文字素材并拖曳，调整文字的位置；❷在界面下方切换至"花字"选项卡，如图 4-36 所示。

图 4-35 输入文字

图 4-36 调整文字的位置

Step 05 在"花字"选项区中选择相应的样式，即可快速为文字应用"花字"效果，如图 4-37 所示。

图 4-37　应用"花字"效果

Step 06 这里选择一个与背景色反差较大的"花字"样式效果，如图 4-38 所示。

Step 07 按住文本框右下角的 按钮并拖曳，调整文字的大小，如图 4-39 所示。

图 4-38　选择"花字"样式　　　　图 4-39　调整文字的大小

Step08 点击右下角的 ☑ 按钮确认，即可添加"花字"文本，单击"导出"按钮，导出视频文件，预览视频效果，如图 4-40 所示。

图 4-40　预览视频效果

4.2.4　文字动画：让视频文字动起来

下面介绍使用剪映 APP 制作视频文字动画效果的操作方法。

Step01 在剪映 APP 中导入一个视频素材，点击"文字"按钮，如图 4-41 所示。

Step02 进入文本编辑界面，点击"新建文本"按钮，如图 4-42 所示。

图 4-41　点击"文本"按钮　　　　图 4-42　点击"新建文本"按钮

Step03 进入文本编辑界面，输入相应的文字内容，如图 4-43 所示。

Step04 切换至"花字"选项卡，在下方的窗口中选择一个合适的花字样式模板，让短视频的文字主题更加突出，效果如图 4-44 所示。

图 4-43　输入文字内容　　　　　图 4-44　选择花字样式

Step05 切换至"动画"选项卡，在"入场动画"选项区中选择"卡拉 OK"动画效果，如图 4-45 所示。

Step06 拖曳滑块，适当调整入场动画的持续时间，如图 4-46 所示。

图 4-45　选择入场动画　　　　　图 4-46　调整持续时间

Step07 在"出场动画"选项区中选择"缩小"动画效果，并适当调整动画的持续时间，如图 4-47 所示。

Step08 在"循环动画"选项区中选择"跳动"动画效果，并调整快慢选项，如图 4-48 所示。

图 4-47　设置出场动画

图 4-48　设置循环动画

Step09 点击 ✓ 按钮，确认添加动画文字，点击"导出"按钮，导出视频，预览视频效果，如图 4-49 所示。

图 4-49　预览视频效果

4.2.5 字幕识别：自动匹配视频字幕

剪映 APP 能够帮助用户快速识别并添加与视频时间对应的字幕图层，提升制作短视频的效率，下面介绍具体的操作方法。

Step01 在剪映 APP 中导入一个视频素材，点击"文字"按钮，如图 4-50 所示。

Step02 进入文本编辑界面，点击"识别字幕"按钮，如图 4-51 所示。

图 4-50　点击"文本"按钮　　　　　图 4-51　点击"识别字幕"按钮

Step03 弹出"自动识别字幕"对话框，点击"开始识别"按钮，如图 4-52 所示。

Step04 执行操作后，软件开始自动识别视频中的语音内容，如图 4-53 所示。

图 4-52　点击"开始识别"按钮　　　　图 4-53　自动识别语音

Step 05 稍等片刻，即可自动生成对应的字幕图层，效果如图 4-54 所示。

Step 06 拖曳时间轴，可以查看字幕效果，如图 4-55 所示。

图 4-54　生成字幕图层　　　　　　　　　图 4-55　查看字幕效果

Step 07 在"时间轴"面板中选择相应的字幕，并在预览窗口中适当调整文字的大小，如图 4-56 所示。

Step 08 点击"样式"按钮，还可以设置字幕的字体、描边、阴影、对齐方式等选项，如图 4-57 所示。

图 4-56　调整文字的大小

图 4-57　设置字幕样式

Step09 切换至"气泡"选项卡，为字幕添加一个气泡边框效果，突出字幕内容，如图 4-58 所示。

Step10 点击 ✓ 按钮，确认添加气泡文字效果，如图 4-59 所示。

图 4-58　添加气泡边框效果　　　　　　　图 4-59　添加字幕效果

Step11 点击"导出"按钮，导出视频，预览视频效果，如图 4-60 所示。

图 4-60　预览视频效果

4.2.6　歌词识别：自动显示歌词内容

除了识别短视频字幕外，剪映 APP 还能自动识别短视频中的歌词内容，可以非常方便地为背景音乐添加动态歌词效果，下面介绍具体操作方法。

Step 01 在剪映 APP 中导入一个视频素材，点击"文字"按钮，如图 4-61 所示。

Step 02 进入文本编辑界面，点击"识别歌词"按钮，如图 4-62 所示。

图 4-61　点击"文字"按钮　　　　　　图 4-62　点击"识别歌词"按钮

Step 03 执行操作后，弹出"识别歌词"对话框，点击"开始识别"按钮，如图 4-63 所示。

Step 04 执行操作后，软件开始自动识别视频背景音乐中的歌词内容，如图 4-64 所示。

☆专家提醒☆

　　如果视频中本身存在歌词，可以选中"同时清空已有歌词"单选按钮，快速清除原来的歌词内容。

图 4-63　点击"开始识别"按钮　　　　　　图 4-64　开始识别歌词

Step 05 稍等片刻，即可完成歌词识别，并自动生成歌词图层，如图 4-65 所示。

Step 06 拖曳时间轴，可以查看歌词效果，选中相应歌词，点击"样式"按钮，如图 4-66 所示。

图 4-65　生成歌词图层　　　　　图 4-66　点击"样式"按钮

Step 07 切换至"动画→入场动画"选项卡，为歌词添加一个"卡拉 OK"的入场动画效果，如图 4-67 所示。

Step 08 用同样的方法为其他歌词添加动画效果，如图 4-68 所示。

图 4-67　设置入场动画效果　　　　　图 4-68　添加动画效果

Step 09 为所有歌词添加好效果后，可以先预览一遍视频效果，检查文字有无错误，无误后再点击"导出"按钮导出视频，效果如图 4-69 所示。

图 4-69　预览视频效果

4.3　视频高级剪辑方法

前两节详细介绍了视频特效制作方法和视频字幕制作方法，本节将从提取视频、自动踩点、视频变速、效果设置 4 个方面分别说明视频高级剪辑方法。

4.3.1 提取视频：获取视频中的音乐

下面介绍使用剪映 APP 一键提取视频中的音乐的操作方法。

Step01 在剪映 APP 中导入视频素材，点击底部的"音频"按钮，如图 4-70 所示。

Step02 进入音频编辑界面，点击"提取音乐"按钮，如图 4-71 所示。

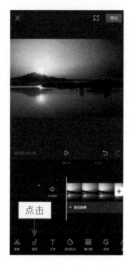 

图 4-70　点击"音频"按钮　　　　图 4-71　点击"提取音乐"按钮

Step03 进入手机素材库，❶选择要提取音乐的视频文件；❷点击"仅导入视频的声音"按钮，如图 4-72 所示。

Step04 执行操作后，即可提取并导入视频中的音乐文件，如图 4-73 所示。

图 4-72　选择相应视频文件　　　　图 4-73　提取并导入音乐文件

4.3.2　自动踩点：快速制作卡点视频

下面介绍使用剪映 APP 的"自动踩点"功能制作卡点短视频的操作方法。

Step01 在剪映 APP 中导入视频素材，并添加相应的卡点背景音乐，如图 4-74 所示。

Step02 选择音频图层，进入音频编辑界面，点击底部的"踩点"按钮，如图 4-75 所示。

图 4-74　添加卡点背景音乐　　　　　图 4-75　点击"踩点"按钮

Step03 进入"踩点"界面，❶开启"自动踩点"功能；❷选择"踩节拍Ⅰ"选项，如图 4-76 所示。

Step04 点击✔按钮，即可在音乐鼓点的位置添加对应的点，如图 4-77 所示。

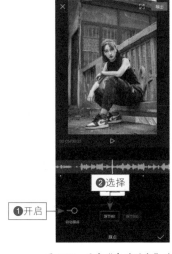

图 4-76　开启"自动踩点"功能　　　　图 4-77　添加对应黄点

Step05 调整视频的持续时间，将每段视频的长度对准音频中的黄色小圆点，如图 4-78 所示。

Step06 选择视频片段，点击"动画"按钮，给所有的视频片段都添加"向上转入"动画效果，如图 4-79 所示。

图 4-78　开启"自动踩点"功能　　　　图 4-79　添加"向上转入"动画效果

Step07 添加完动画效果后，点击右上角的"导出"按钮，导出并预览视频效果，如图 4-80 所示。

图 4-80　导出并预览视频效果

4.3.3　视频变速：制作延时视频效果

用户可以通过改变视频素材的播放速度，制作延时视频的效果，给观众带来平时肉眼所不能察觉的神奇景象。下面介绍使用剪映 APP 设置变速效果的方法。

Step01 在剪映 APP 中导入视频素材，点击下方的"剪辑"按钮，图 4-81 所示。

Step02 进入"剪辑"界面，点击底部的"变速"按钮，如图 4-82 所示。

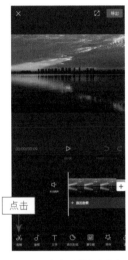

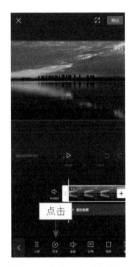

图 4-81　点击"剪辑"按钮　　　　　图 4-82　点击"变速"按钮

Step03 进入"变速"界面，向右拖曳红色圆圈滑块，如图 4-83 所示。

Step04 提高视频播放倍速后，即可呈现视频延时效果，如图 4-84 所示。

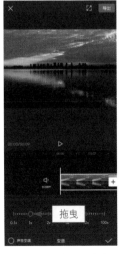

图 4-83　调整视频速度　　　　　图 4-84　视频延时效果

4.3.4 效果设置：淡入淡出自然转换

设置音频淡入淡出效果后，可以让短视频的背景音乐显得不那么突兀，给观众带来更加舒适的视听感。下面介绍使用剪映 APP 设置音频淡入淡出效果的方法。

Step01 在剪映 APP 中导入视频素材，选择相应的音频图层，如图 4-85 所示。

Step02 进入音频编辑界面，点击底部的"淡化"按钮，如图 4-86 所示。

图 4-85　选择音频素材　　　　　　　图 4-86　点击"淡化"按钮

Step03 进入"淡化"界面，设置相应的淡入时长和淡出时长，如图 4-87 所示。

Step04 点击✔按钮，即可给音频添加淡入淡出效果，如图 4-88 所示。

图 4-87　设置淡化参数　　　　　　　图 4-88　添加淡入淡出效果

学前提示:

在短视频的带动下,直播市场回归理性,对内容、主播和技能等方面提出了更高的要求。因此,在短视频和直播的火爆环境下,相关从业者应该掌握这一大势下的变化,选择合适的直播平台来入驻,并及时掌握更多新的直播玩法和技巧。

第 5 章

直播录制:近距离实现产品的推广

要点展示:

- ⊙ 做好直播的准备工作
- ⊙ 直播开播的相关技巧
- ⊙ 直播运营的相关技巧

5.1 做好直播的准备工作

随着手机、平板等移动智能终端的普及，主要依托于移动终端的直播开始进入人们的视野。凭借庞大的用户基数，直播势必会变得更加火热。本节针对选择平台、主播成长、主播素养、建直播间、直播内容进行详细介绍与讲解。

5.1.1 选择平台：个人 or 公会

提到直播，相信对于一部分想做主播的人来说，首先要考虑的就是平台的选择，对于一小部分主播来说，他们是不愿意加入公会的，毕竟有这么多前辈吃了公会的亏，所以，这也导致一些新人主播很排斥加入公会。

公会是直播平台很重要的一部分，一个直播平台的架构基本由直播平台、家族（公会）、主播3部分组成。

整个平台的收入大部分来自观众打赏的虚拟礼物，经过平台充值后，会被分到平台、家族长及主播三方手中，其中公会是一个很重要的组成部分。

下面我们就分析一下工会对主播有没有帮助、加入公会是否值得。

1．公会会教你如何去做主播

对于新手主播来说，前期没人教你如何开直播，只能靠自己一步一步去探索。但是如果遇到靠谱的公会，他们会教你直播方法，而且会有人给你的控场带节奏，遇到问题会告诉你如何去解决。公会不仅仅是运营助理，还是你的贴心管家。

2．公会解决设备问题

对于主播来说，想要营造好的直播氛围，就要有好的设备，而要置办好的设备必定要花费一笔不小的费用，这对于个人主播来说是比较困难的。还没开始赚钱，就要先支出，而且自己也不会挑选，难免会走很多弯路。而加入公会后，公会会告诉你怎么去购买设备、哪些设备才是性价比最高的。

3．公会帮你做推广

公会有一定的推荐位和扶持流量，只要你有能力，公会就会帮你推荐，到不同的渠道去推荐你，让你得到更多的曝光率，吸引更多的粉丝。

4．合理合法避税

如果是做个人主播的话，税收是很高的，扣完税，主播能得到的收益基本就没多少了。但是，如果你能遇到一个好的公会和靠谱的运营，这就不同了，公会会帮你承担部分税费，你的收入自然也就更高了。

为什么这么多新手主播被骗？笔者总结出以下两点原因，大家在选择公会时一定要注意。

（1）很多公会都跟主播玩文字游戏，例如，原本说好的分成是 80%，其实是平台给公会 80%，而给主播的根本就不是这么多。

（2）还有一个常用骗人手段就是开高保底，前期经纪人跟你谈了 10000 多元高保底的薪资，等到播完了直接拉黑你，不给开工资。被骗的根本原因是你不懂行情，不知道自己的价值到底有多高。其实，任何行业的岗位薪资都要根据自身能力明码标价，如果你的价值只有 5000 元，就不要相信会有人给你开 10000 多元的薪资。

5.1.2　主播成长：快速提升名气

下面介绍一些新主播快速提升知名度的相关技巧，如图 5-1 所示。

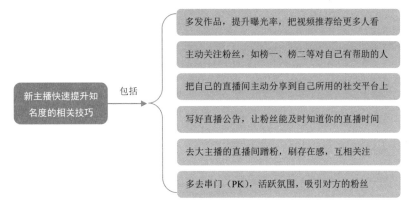

图 5-1　新主播快速提升知名度的相关技巧

新手主播在用以上方法提升自己的人气时，还需要注意以下事项。

1. 不要怕尴尬

新手主播要勇敢踏出第一步。万事开头难，很多新手主播在开播前都担心没人进入自己的直播间，害怕尴尬，其实主要原因还是脸皮太薄了，只要你敢踏出第一步，一切都会变得容易多了。

另外，新手主播还可以邀请自己的好朋友来直播间活跃气氛。有些人不好意思告诉朋友自己在做直播，但换来的就是无人问津的直播间。其实，每份工作总有要找朋友帮忙的时候，朋友是自己熟悉的人，氛围自然不会尴尬，还可以通过跟朋友的互动挖掘出更多好玩的事情。

2. 学会调整和改变

你很长时间没有新粉丝加入，就要学着让自己进行新的尝试和改变，任何人都喜欢新鲜感，每天都是一样的，时间久了，粉丝也会感到厌倦，所以，主播可以尝试用一些小心思在自己的整体风格、妆容及服饰上。

3. 在正确的时间点直播

直播也有高峰期，选对正确的时间直播也是非常重要的。大部分人都是兼职做直播，所以，大家很多空闲的时间都是黄金时间。

大多数大主播都是在同一时间段进行直播的，要想在这一段时间内把新粉丝带到自己的直播间是很困难的，所以，新主播可以利用自己的休息时间，避开高峰期。

4. 要有固定的直播时间和时长

一定要坚持在固定的时间点直播，直播的时长也要确定好，这样会让粉丝养成一个观看习惯，每次到这个时间点就会想起你。而且你要在粉丝在线比较多的时间段直播，一般是周一到周五的晚上 8:00~11:00，周末则是晚上和午夜居多。

5.1.3 主播素养：提高专业能力

一个主播的基本修养主要包括 3 个方面：专业能力、语言能力和心理素质。接下来将分别进行介绍。

1. 专业能力

要想成为一名拥有超高人气的主播，首先主播本身要具备很高的专业能力。随着直播行业的竞争越来越激烈，平台对主播的专业能力越来越看重，所以，主播的专业能力提升势在必行。笔者总结了主播需要提升的一些专业能力，如图 5-2 所示。

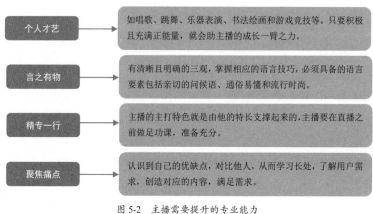

图 5-2　主播需要提升的专业能力

2．语言能力

要想拥有过人的语言能力，让用户舍不得错过直播的每一分每一秒，就必须从多个方面来培养。笔者总结了一些用语言赢得用户追随和支持的方法，如图 5-3 所示。

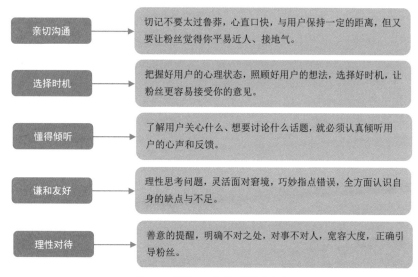

图 5-3　赢得用户追随和支持的方法

3．心理素质

直播不同于以往的节目录制，节目可以通过后期的二次剪辑来制造笑点和重点，但直播不行，因此，现场应变能力和专业知识是一个主播必备的专业素养。在直播的过程中，主播必须具备良好的心理素质，才能应对种种情况。笔者总结了信号中断、突发事件两种情况的应对方法，如图 5-4 所示。

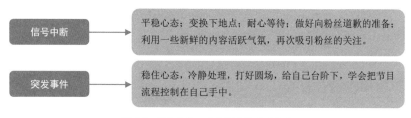

图 5-4　信号中断、突发事件的应对方法

5.1.4　建直播间：提高用户体验

漂亮美观的直播间能提升受众观看直播的体验感，设计一个符合自己直播风格

的直播间，可以吸引更多的粉丝和人气。那么，该如何打造较为完美的直播间呢？接下来笔者将从直播间的空间大小、背景设置、物品陈设 3 个方面来详细分析直播间的装修布置。

1. 空间大小

直播间的空间大小宜为 $20 \sim 40m^2$ 之间，不能过大也不能太小，空间太小不利于物品的摆放和主播的行动，太大会造成空间资源的浪费。所以，主播在选择直播场地时，应该根据自己的实际情况来分配空间大小。

2. 背景设置

直播间背景的设计原则是简洁大方、干净整洁，因为不仅主播的外观造型是受众对直播的第一印象，直播间的背景同样也能给受众留下深刻的印象。所以，直播间的背景墙纸或背景布的设计风格可以根据主播的人设、直播的主题及直播的类型来选择，但需要注意不要过于个性和花里胡哨，这样反而会使受众产生反感。

3. 物品陈设

与直播间的背景设置一样，直播间物品的摆放也是要讲究的，房间的布置同样要干净整洁，物品的摆放和分类要整齐有序，这样做不仅能够在直播的时候做到有条不紊，而且还能给受众留下一个好的印象。

杂乱的房间布置会让受众观看直播的用户体验感很不好，这是每一位新人主播尤其要注意的问题。关于物品种类的陈设可以根据直播的类型来设置和确定，如果是美妆类的直播，可以放口红、散粉、眼线笔等相关产品；如果是服装类的直播，可以放衣服、裤子、鞋等相关的产品。

直播间物品的陈设并不是可以随便放什么东西，一定要符合直播的风格或者类型，这样才能提升主播的专业度和直播间的档次，才会吸引更多用户和粉丝观看直播，这样的直播才会有意义。

5.1.5 直播内容：打造个人特色

相对于最开始的游戏直播，如今的直播更倾向于个人秀和娱乐聊天的内容模式。随着直播的迅速发展和竞争加剧，有必要对直播内容有一个明确的定位，并选择一个可供受众理解和掌握的直播内容传播点，也就是说，在直播过程中，要有一个类似文章中心思想的东西存在，而不能只是乱侃一气。

笔者认为可以从两个方面进行考虑，即个人口头禅和独特造型。

1. 个人口头禅

个人口头禅是人的一种标志，因为口头禅出现的次数比较多，再加上在他人听来通常具有一定的特色，所以，听到某人的口头禅之后，我们很容易便能记住这个人，并且在听到其他人说他（她）的口头禅时，我们也会想到将这句话作为口头禅在我们心中留下深刻印象的人。

在抖音短视频中，一些具有代表性的头部账号的视频主往往都有令人印象深刻的口头禅。例如，李佳琦在视频和直播中经常会说"oh my god"，这句话就成了他标志性的口头禅。

无论是短视频，还是直播，主播或视频中人物的口头禅都能令人印象深刻，甚至当用户在关注某个主播一段时间之后，在听到主播在直播中说口头禅时，都会觉得特别亲切。

2. 独特造型

我们在第一次看一个人时，除了看他（她）的长相和身材之外，还会重点关注他（她）的穿着，或者说造型。所以，当主播以独特造型面对抖音用户时，用户便能快速记住你，这样你的直播 IP 自然会快速打造起来。

当然，这里也不是要大家去故意做一些造型去哗众取宠，而是要在合理的范围内，以大多数用户可以接受的、具有一定特色的造型来做直播，争取用造型来给自己的直播 IP 塑造加分。

5.2 直播开播的相关技巧

对于主播来说，做好了直播前的准备工作后，就要进入实战了，直播开播也有很多相关技巧需要大家掌握，本节将从 5 个方面分别进行介绍。

5.2.1 开通直播：实现变现吸金

开通抖音直播的方式有两种，一是直接开通；二是加入公会之后开通。下面先来介绍如何直接开通抖音直播。

直接开通抖音直播需要满足两个条件，一是已解锁视频分享功能；二是账号的粉丝达到 3000。当账号满足了这两个条件时，系统就会发来系统通知，告知你已获得开通抖音直播的资格。当然，得到系统通知之后，只是获得了开通直播的资格，在正式开启直播之前，还需要完成一些步骤，如图 5-5 所示。

图 5-5　开启直播前要完成的一些步骤

加入公会可以直接开通直播，当然，加入公会，通常需要有熟人介绍。那么，如何加入公会呢？具体操作步骤如下。

Step01 登录抖音短视频 APP，点击右下方的"我"按钮；然后点击右上方的██按钮；在弹出的菜单中选择"设置"选项。

Step02 操作完成后，进入"设置"界面，在该界面中选择"反馈与帮助"选项，如图 5-6 所示。

Step03 操作完成后，进入"反馈与帮助"界面，在该界面中选择"直播（直播权限申请、直播其他问题）"选项，如图 5-7 所示。

图 5-6　选择"反馈与帮助"选项

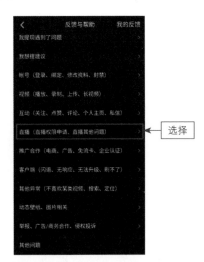

图 5-7　选择"直播（直播权限申请、直播其他问题）"选项

Step04 操作完成后，在"反馈与帮助"界面中❶选择"公会"选项；在新出现的界面中❷选择"如何加入公会？"选项，如图 5-8 所示。

图 5-8　选择"如何加入公会"选项

Step05 操作完成后，可以看到抖音平台对于"如何加入公会？"这个问题的解答，其中明确表示，加入公会需要公会主动邀请，如图 5-9 所示。

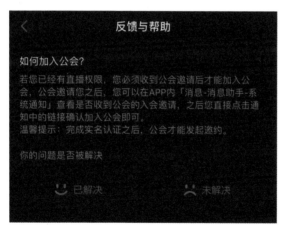

图 5-9　抖音平台对于"如何加入公会？"的解答

5.2.2　聊天学问：学会聊天话术

如果在直播间不知道如何聊天，遭遇冷场怎么办？为什么有的主播的直播间能一直聊得火热？下面，笔者将为大家提供 5 种直播聊天的小技巧，为主播解决直播间"冷场"的烦恼。

1. 感恩心态：随时感谢观众

俗话说得好："细节决定成败！"如果在直播过程中对细节不够重视，那么用户就会觉得主播在直播的过程中显得有些敷衍。

在这种情况下，账号的粉丝很可能会快速流失；相反，如果主播对细节足够重视，用户就会觉得你在用心运营。而用户在感受到你的用心之后，也会更愿意成为你的粉丝。

在直播的过程中，主播应该随时感谢观众，尤其是进行打赏的用户和新进入直播间的用户。在淘宝直播平台中，有的主播会对直播间新进入的粉丝设置欢迎词。

除了表示感谢之外，通过细节认真回复短视频用户的评论，让短视频用户看到你在用心运营，也是一种转化粉丝的有效手段。

2. 观积极：保持良好心态

在现实生活中会有一些喜欢抬杠的人，而在网络上，许多人因为披上了"马甲"，所以直接变身为"畅所欲言"的"键盘侠"。

对于这些喜欢吐槽，甚至是语言中带有恶意的人，作为一个主播一定要保持良好的心态。千万不能因为这些人的不善而与其互喷，否则，许多用户可能会成为你的黑粉，来寻求其自身的存在感，在你身上发泄自己的不满。

在面对个别用户带有恶意的弹幕时，不与其互喷，而是以良好的心态进行处理，也是一种有素质的表现。这种素质有时也能让你成功获取其他粉丝的关注及赞赏。那么，在面对用户的吐槽时，应如何进行处理呢？给大家提供两种方案。

（1）用幽默的回复面对吐槽，在回复用户弹幕评论的同时，让用户感受到你的幽默感。

☆专家提醒☆

此外，主播也可以在直播间内自我解嘲，应对用户的恶意评论。在直播间中比较豁达、幽默及善于自我解嘲的主播，通常会受到许多观众的喜爱。

（2）对于恶意的吐槽，直接选择不回复，避免造成语言上的冲突。

在实际操作时，主播也可以将这两种方案结合使用。

3. 换位思考：多为他人着想

面对用户进行个人建议的表达时，首先主播可以站在用户的角度，进行换位思考，这样更容易了解反馈信息的用户的感受。

可以通过学习及察言观色来提升自己的思想和阅历。主播可以细致地观察直播时及线下互动时粉丝的态度，并且进行思考、总结，用心去感受粉丝的态度。

为他人着想可以体现在以下几个方面，如图 5-10 所示。

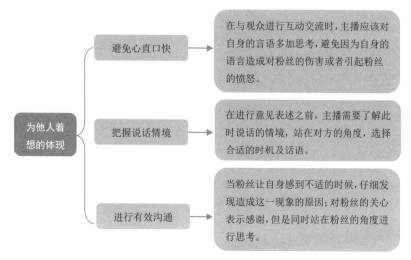

图 5-10 为他人着想的体现

4．低调直播：保持谦虚态度

面对粉丝的夸奖和批评都要保持谦虚礼貌的态度，即使成为热门的主播也要保持谦虚。谦虚耐心会让主播获得更多粉丝的喜爱，即使是热门的主播，保持谦虚低调也能让主播的直播生涯更加顺畅，并且获得更多的路人缘。

5．把握尺度：懂得适可而止

在直播聊天的过程中，主播要注意把握好度，懂得适可而止。一些主播为了火，故意蹭一些热度，例如，在地震的时候"玩梗"或者发表一些负能量的话题，想引起用户的热议，增加自身的热度，结果反而遭到群众的愤怒，最后遭到禁播。

如果在直播中，主播不小心说错话，惹怒了粉丝，主播应该及时向粉丝道歉。例如，"口红王子"李佳琦在与某明星进行直播时，不小心说错话，但最后在微博上向观众及某明星进行了道歉，得到了粉丝的原谅。

5.2.3 增加人气：活跃直播气氛

笔者总结了一些让直播间人气暴涨的技巧，具体方法如下。

⊙ 开播预热：在直播开始前 3 小时左右发布一个短视频进行预热，这样开播时能够快速吸引粉丝进入直播间观看。

- ⊙ 同城定位：主播可以开启直播间的同城定位功能，吸引更多附近的粉丝观看直播，如果附近的人比较少，也可以切换定位地点。
- ⊙ 直播预告：主播可以在个人主页的简介区中发布直播预告动态内容，告诉粉丝你的直播时间和主要内容。
- ⊙ 开播时间：主播必须根据自己的粉丝群体属性来确定开播时间，确保在你开播时粉丝也有空，这样直播时才会有更多粉丝观看。
- ⊙ 标题封面：好看的封面能够在直播间获得更多曝光，标题要尽量突出主播的个人特点和内容亮点，展示主要的直播内容。
- ⊙ 分享直播间：当主播开播后，可以将直播间分享给好友和粉丝，同时充分展示自己的才艺，并通过各种互动玩法提升直播间人气。

另外，主播也可以积极参与平台推出的一些直播活动，为自己赢取更多曝光机会和流量资源。

5.2.4　直播话术：提升带货能力

在直播的过程中，除了把产品很好地展示给顾客以外，主播如果能够掌握一定的直播话术，会获得更好的带货、变现效果，从而让主播的商业价值可以得到增值。

接下来笔者就从欢迎话术、感谢话术、提问话术、引导话术、下播话术 5 种直播话术进行分析，提高主播的带货能力。

1. 欢迎话术

当有用户进入直播间时，直播的评论区会显示有用户进入直播间的信息。主播在看到进入直播间的用户之后，可以对其表示欢迎。

具体来说，常见的欢迎话术主要包括 4 种，具体方法如下。

- ⊙ 结合自身特色，如"欢迎×××来到我的直播间，希望我的歌声能够给您带来愉悦的心情。"
- ⊙ 根据用户的名字，如"欢迎×××的到来，看名字，您是很喜欢玩《××××》游戏吗？真巧，这款游戏我也经常玩，有空可以一起玩呀！"
- ⊙ 根据用户的等级，如"欢迎×××进入直播间，哇，这么高的等级，看来是一位大佬了，求守护呀！"
- ⊙ 表示对忠实粉丝的欢迎，如"欢迎×××回到我的直播间，差不多每场直播都能看到你，感谢一直以来的支持呀！"

2．感谢话术

当用户在主播的介绍下决定购买产品时，或者有人刷礼物时，主播可以通过一定的话语对用户表示感谢，让其知道你收到他的礼物是很感激的。常见的主播感谢话术主要包括两种，具体方法如下。

- 对购买产品的感谢，如"谢谢大家的支持，×× 不到 1 小时就卖出了 500 件，大家太给力了，爱你们哦！"
- 对刷礼物的感谢，如"感谢 ×× 哥的嘉年华，这一下就让对方失去了战斗力，估计以后他都不敢找我 PK 了。"

3．提问话术

在直播间向用户提问时，主播要使用更能提高用户积极性的话语。笔者认为，主播可以从以下两个方面进行思考：

- 主动提供选择项，如"接下来，大家是想听我唱歌，还是想看我跳舞呢？"
- 提高用户的参与度，如"想听我唱歌的打 1，想看我跳舞的打 2，我听大家的安排，好吗？"

4．引导话术

在电商直播带货中，主播想要营销产品，让用户下单，其引导话术是必不可少的。主播要懂得引导用户，根据自身的目的，让用户为你助力。

对此，主播也可以根据自己的目的，用不同的话术对直播间的用户进行引导，具体方法如下。

- 引导购买，如"天啊！果然好东西都很受欢迎，半个小时不到，×× 已经只剩下不到一半的库存了，要买。"
- 引导刷礼物，如"我被对方超过了，大家给给力，让对方看看我们的真正的实力！"
- 引导直播氛围，如"咦！是我的信号断了吗？怎么我的直播评论区一直没有变化呢？喂！大家听不听得到我的声音呀，听到的宝宝请在评论区扣个 1。"

5．下播话术

每场直播都有下播的时候，当直播即将结束时，主播应该通过下播话术向用户传达信号，具体方法如下。

- 感谢陪伴，如"直播马上就要结束了，感谢大家在百忙之中抽出宝贵的时间来看我的直播。你们就是我直播的动力，是大家的支持让我一直坚持到了现在。期待下次直播还能在这里看到大家！"

- ⊙ 直播预告，如"这次的直播马上就要接近尾声了，时间太匆匆，还没和大家玩够就要暂时说再见了。喜欢主播的可以明晚 8 点进入我的直播间，到时候我们再一起玩呀！"
- ⊙ 表示祝福，如"时间不早了，主播要下班了。大家好好休息，做个好梦，我们来日再聚！"

<h3>5.2.5 直播封面：吸引用户关注</h3>

直播平台上有许许多多的内容，怎样才能在众多直播内容中吸引到公众流量呢？首先展示在用户面前的就是你的直播间封面，外表的包装总是能影响一个人的第一印象，美的事物总是更能抓人眼球，人们对于美的事物都更具有好感，因此好看的封面更能吸引用户的点击。

那么什么样的封面更能吸引人呢？直播间的封面具体应该怎么设置？以下是一些常见的直播封面类型。

- ⊙ 第一种为自拍或者个人写真。这样的封面一般适合秀场主播、美妆主播等，这一类型的封面图可以让用户直接通过封面就能选择主播，有利于用户对喜欢的主播的选择及直播间的点击。
- ⊙ 第二种是游戏的画面，通常为游戏直播的封面。有的封面下角还会显示主播，让观众一看就能了解这是什么游戏。
- ⊙ 第三种为游戏的海报或者动漫人物的海报。这类游戏多为带有二次元属性的游戏或者主机游戏，甚至是一些动漫衍生的手游，这一类型的封面在哔哩哔哩直播平台上更为常见。
- ⊙ 第四种，对于绘画类的直播来说，可以直接用作品作为封面，这样更有利于让观众了解你的画风及绘画水准。
- ⊙ 第五种，作为电商类的直播封面，重点在于展示产品。带货主播需要让观众知道你所进行带货的产品，可以是美妆产品、服装产品等。如果是美妆带货的主播，直播间的封面通常是选择妆后的照片，一般为个人写真。

<h2>5.3 直播运营的相关技巧</h2>

在进行直播的运营之前，主播要做好直播运营的方案，这样才能按部就班、循

序渐进地执行直播的运营推广工作。本节主要从直播策划、运营模式、粉丝打赏 3 个方面分别详细介绍，帮你打造爆款直播间。

5.3.1　直播策划：激发受众参与

在进行直播之前，主播首先要做出直播策划。一般来说，营销直播活动方案的模板有图 5-11 所示的几个方面的内容。

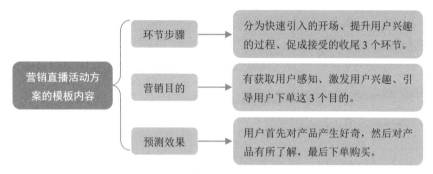

图 5-11　直播活动方案的模板内容

主播要以图 5-11 所示的方案模板为基础，围绕其中的核心内容来策划直播活动的方案，这样执行的直播活动才能达到预期的目标和效果。

5.3.2　运营模式：找准传播渠道

在运营直播时，找准传播渠道也是一个重要的方面。这种传播渠道从某种意义上来说也是模式。

1. "发布会 + 直播"，平台同步

"发布会 + 直播"这种模式的重点在于多平台同步直播，因为发布会只有多平台同步直播才能吸引更多的用户关注。

这种"发布会 + 直播"的模式之所以能获得令人意想不到的效果，其原因在于三个方面，一是直播之前，发布会官方的媒体就会对此消息进行大力宣传和预热，制造悬念，吸引用户的眼球；二是此种模式比较新颖，将传统的商业发布会与直播结合起来，抓住了用户的好奇心理；三是给用户提供了互动的渠道，对产品的不断改进和完善更加有利。

2. "作秀＋直播"，掌握技巧

"作秀"这个词语，可以分两个层面来解释：一个意思就是单纯地"耍宝"；还有一个意思就是巧妙地加入表演的成分。

很多主播和商家为了避免有作秀的嫌疑，可能会一本正经地直播，这样的直播往往没有什么人看。而有的主播则会利用"作秀＋直播"的模式来取得销售佳绩，当然，想要打造好这种模式也是需要技巧的。

主播直播时，不能一上来就讲产品，这样显得太过乏味，应该找用户感兴趣的话题，然后慢慢引到产品身上来。更不能全程都在讲产品，这样用户会失去继续看直播的动力，最好的办法就是做出有自己特色的直播。

在直播中加入具有特色的桥段，让用户感觉主播的直播很有新意，就像表演一样给人带来精神享受。直到直播结束了，用户还回味无穷，希望这场"秀"还能继续上演。可见"作秀＋直播"模式只要能把握住用户的心理，还是很容易获得成功的。

3. "颜值＋直播"，不止颜值

在当今的直播营销中，都说对主播的要求比较低，但其实想要成为一个名气度高的主播，门槛还是很高的。那些人气高、频繁登上平台热榜的主播，实际上都是依靠背后的经纪公司或者团队的运作，同时他们也有很高的颜值。

爱美是人之常情，人人都喜欢欣赏美好的事物，所以，颜值成为营销手段的因素之一也不难理解。但需要注意的是，颜值并不是唯一，光有颜是不够的，要把颜值和情商、智商相结合，这样才能实现"颜值＋直播"的推广效果。

如何塑造一个有颜值的主播呢？这里面大有学问，笔者将其总结为3点：邀请颜值较高的网红或明星做主播；主播的服装、妆容造型要靓丽；主播的行为要很有"颜值"。

在直播中，主播的表现与产品的销售业绩是分不开的，用户乐意看到颜值高、情商高的主播，这也是颜值高、主播人气就高的原因所在。

4. "限时＋直播"，抓住心理

众所周知，既然直播是为了营销，那么如何让顾客产生购物的欲望则是商家需要思考的问题。在直播过程中，商家如果加入一点"小心机"，如采用"限时购＋直播"模式，就会大大激发用户购买产品的冲动。这是一种抓住用户消费心理的营销战术，能够最大程度地带动用户的购买热情，从而实现营销的最终目的。

5. "IP＋直播"，效果可观

直播营销和IP营销是互联网营销中比较火的两种模式，很多娱乐主播、著名品牌都采用了这两种营销模式，那么，可不可以将二者结合起来呢？"IP+ 直播"模式的效果会不会更好呢？答案是肯定的。直播营销想要真正火热起来，并立于不败之地，就需要 IP 的鼎力相助。

当然，IP 也分为很多种，例如，一些名人、明星本身就是一个 IP，那些经久不衰的小说、名著也是 IP，一本经典的人气漫画也是 IP。

"IP+ 直播"模式的核心是如何利用 IP 进行直播营销。主播如果想要吸引用户和流量，就应该利用名人效应。传统的营销模式同样也会邀请名人代言，不过那种方法比较硬性，无法勾起用户自然而然的购物欲望。

随着时代的前进，科技的发展，人们购物心理的变化，传统的营销方式不再适用。各种营销手段和营销工具源源不断地产生，名人 IP 也成为直播营销中不可或缺的宝贵资源。各大主播应该学着借助 IP 来进行直播营销，利用名人 IP 的效应，吸引用户观看直播，从而实现直播营销的效果。

"IP+ 直播"模式吸引用户的效果是不容小觑的，好好利用的话一定能取得巨大成效。

5.3.3　粉丝打赏：增加主播收入

对于那些有直播技能的主播来说，最主要的变现方式就是通过直播来赚钱了。粉丝在观看主播直播的过程中，可以在直播平台上充值购买各种虚拟的礼物，在主播的引导或自愿情况下打赏给主播，而主播则可以从中获得一定的比例提成收入。

在许多人看来，直播就是在玩，毕竟大多数直播都只是一种娱乐。但是，不可否认的一点是，只要玩得好，玩着就能把钱给赚了。因为主播们可以通过直播获得粉丝的打赏，而打赏的这些礼物又可以直接兑换成钱。

当然，要做到这一点，首先需要主播拥有一定的人气。这就要求主播自身要拥有某些过人之处，只有这样，才能快速积累粉丝数量。

其次，在直播的过程中，还需要一些所谓的"水军"进行帮衬。这主要是因为很多时候，人都有从众心理，所以，如果有"水军"带头给主播送礼物，其他人也会跟着送，这就在直播间形成了一种氛围，让看直播的其他受众在压力之下，因为觉得不好意思，或是觉得不能白看，也跟着送礼物。

学前提示：

在做一件事情之前一定要先找准方向，只有这样才能有的放矢，做快手、抖音运营也是如此。那么，如何找准快手和抖音的运营方向呢？其中一种比较有效的方法就是通过账号的定位，从一开始就明确运营的方向，从而获得精准的流量。

第6章

账号打造：找准运营方向，树立标签

要点展示：

⊙ 账号定位——确定运营方向

⊙ 信息设置——树立账号标签

6.1 账号定位——确定运营方向

在你准备进入短视频领域，开始注册账号之前，首先要对自己进行定位，对将要拍摄的短视频内容进行定位，并根据这个定位来策划和拍摄短视频内容，这样才能快速形成独特鲜明的人设标签。

6.1.1 账号定位：打上精准标签

标签指的是短视频平台给运营者的账号进行分类的指标依据，平台会根据运营者发布的短视频内容来给运营者打上对应的标签，然后将其内容推荐给对这类标签作品感兴趣的观众，这样不仅提升了运营者的积极性，也增强了观众的用户体验。

例如，某个平台上有 100 个用户，其中有 50 个人都对美食感兴趣，还有 50 个人不喜欢美食类的短视频。此时，如果你是拍美食的账号，但没有做好账号定位，平台没有给你的账号打上"美食"这个标签，此时系统会随机将你的短视频推荐给平台上的所有人。这种情况下，你的短视频作品被用户点赞和关注的概率就只有 50%，而且由于点赞率过低会被系统认为内容不够优质，而不再给你推荐流量。

相反，如果你的账号被平台打上了"美食"的标签，此时系统不再随机推荐流量，而是精准推荐给喜欢看美食内容的那 50 个人。这样，你的短视频获得的点赞和关注量就会非常高，从而获得系统给予更多的推荐流量，让更多人看到你的作品，并喜欢上你的内容。因此，对于短视频拍摄者来说，账号定位非常重要，下面笔者总结了一些短视频账号定位的相关技巧，如图 6-1 所示。

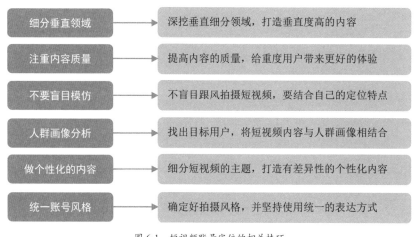

图 6-1 短视频账号定位的相关技巧

☆专家提醒☆

以抖音短视频平台为例，根据某些专业人士分析得出一个结论，即某个短视频作品连续获得系统的 8 次推荐后，该作品就会获得一个新的标签，从而得到更加长久的流量扶持。

只有做好短视频的账号定位，才能在观众心中形成某种特定的印象。例如，提到"陈翔六点半"，大家都知道这是一个搞笑的脱口秀喜剧类账号；提到"一条小团团 OvO"，喜欢看游戏直播的人就肯定不陌生了。

6.1.2 内容定位：提升账号权重

有了账号定位后，运营者还需要掌握一定的内容定位技巧，让自己拍摄的短视频能够被更多的观众看到。下面重点挑选了 4 个可以帮助大家进行内容定位和提升账号推荐权重的维度，分别为垂直度、活跃度、健康度和互动度。

1. 垂直度

什么叫垂直度？通俗来说，就是运营者拍摄的短视频内容符合自己的目标群体定位。例如，运营者是一个化妆品商家，想要吸引对化妆感兴趣的女性人群，拍摄了大量的短视频化妆教程，这样的内容垂直度就比较高。

目前，抖音和快手都是采用推荐算法的短视频平台，会根据运营者的账号标签来给其推荐精准的流量。例如，运营者发布了一个旅游类的短视频，平台在推荐这个短视频后，很多观众都给他的短视频点赞和评论。

对于这些有大量互动的观众，此时平台就会将运营者的内容打上旅游类的标签，同时将运营者的短视频推送给更多旅游爱好者观看。但是，如果运营者之后再发布一个搞笑类的短视频，则由于内容垂直度很低，与推荐的流量属性匹配不上，自然点赞和评论数量也会非常低。

推荐算法的机制就是用标签来精准匹配内容和流量，这样每个观众都能看到自己喜欢的内容，每个创作者都能得到粉丝的关注，平台也才能长久活跃。要想提升账号的垂直度，运营者可以从以下几个方面入手。

（1）塑造形象标签。形象标签可以从账号名称、头像、封面背景等方面下功夫，让大家一看到你的名称和头像就知道你是干嘛的。因此，运营者在设置这些基本账号选项时，一定要根据自己的内容定位来选择，这样才能吸引更多精准的流量。例如，笔者的抖音号是直接采用自己的名字和头像来进行设置的，而且封面背景紧扣笔者的个人业务，同时发布的内容都是新媒体转化率方面的知识，因此内容的垂直度非常高，如图 6-2 所示。

图 6-2　"罗建明"抖音号

（2）打造账号标签。有了明确的账号定位后，用户可以去同领域大号的评论区引流，也可以找一些同行业的大号进行互推，增加短视频的关注和点赞量，打造精准的账号标签，获得更多精准粉丝。

（3）打造内容标签。运营者在发布短视频时，要做到风格和内容的统一，不要随意切换领域，尤其是前面的短视频，一定要根据自己的账号标签来发布内容，让账号标签和内容标签相匹配，这样账号的垂直度就会更高。

在运营抖音时，如果自己能够生产出足够优质的内容，也可以快速吸引用户的目光。抖音运营者可以通过为受众持续性地生产高价值的内容，从而在用户心中建立权威，加强他们对于你的抖音号的信任和忠诚度。抖音运营者在自己生产内容时，可以运用一些技巧，轻松打造持续性的优质内容，如图 6-3 所示。

做自己真正喜欢和感兴趣的领域

做更垂直、更差异的内容，避免同质化内容

自己生产内容的技巧

多看热门推荐的内容，多思考总结他们的亮点

尽量做原创的内容，最好不要直接搬运

图 6-3　自己生产内容的技巧

2. 活跃度

日活跃用户是短视频平台的一个重要运营指标，每个平台都在努力提升自己的日活跃用户数据。例如，抖音平台的日活跃用户超过 3.2 亿（截至 2019 年 7 月），快手平台的日活跃用户突破 2 亿，月活突破 4 亿（2019 年 5 月）。

日活跃用户是各个平台竞争的关键要素，因此，创作者必须持续输出优质的内容，帮助平台提升日活跃用户数据，这样平台也会给这些优质创作者更多的流量扶持。例如，抖音平台为了提升用户的活跃度，还推出了"回顾我的 2019"活动，给运营者分析和总结了一份专属于自己的 2019 年作品回顾，如图 6-4 所示。

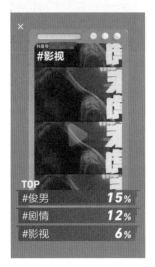

图 6-4 "回顾我的 2019"数据报告

3. 健康度

健康度主要体现在观众对运营者发布的短视频内容的爱好程度，其中完播率就是最能体现账号健康度的数据指标。内容的完播率越高，说明观众对短视频的满意度越高，则运营者的账号健康度也就越高。

因此，运营者需要努力打造自己的人设魅力，提升短视频内容的吸引力，保证优良的画质效果，同时还需要在内容剧本和标题文案的创意上下功夫。

4. 互动度

互动度显而易见就是指观众的点赞、评论、私信和转发等互动行为。运营者要积极回复观众的留言，做好短视频的粉丝运营，培养强信任关系。

在短视频运营中，运营者也应该抓住粉丝对情感的需求。其实不一定非要是"人间大爱"，只要是能够感动人心的细节方面的内容都可能会触动到不同粉丝的心灵。

短视频个人 IP 做粉丝运营的最终目标是，让用户按照自己的想法，去转发内容，来购买产品，给产品好评，并分享给他的朋友，把用户转化为最终的消费者。

6.1.3 产品定位：根据货源选择

大部分抖音运营者之所以要做抖音运营，就是希望能够借此变现，获得一定的收益。而产品销售又是比较重要的一种变现方式，因此，选择合适的变现产品，进行产品的定位就显得尤为重要。

在笔者看来，根据抖音运营者自身的情况，产品定位可以分为两种。一种是根据自身拥有的产品进行定位，另一种是根据自身业务范围进行定位。根据自身拥有的产品进行定位很好理解，就是看自己有哪些产品是可以销售的，然后将这些产品作为销售的对象进行营销。

例如，某位抖音运营者自身拥有多种水果，于是其将账号定位为水果销售类账号。他不仅将账号命名为"××水果"，而且还通过视频重点进行水果的展示，并为抖音用户提供了水果的购买链接，如图 6-5 所示。

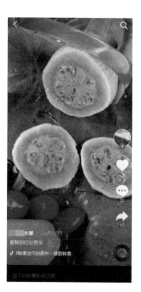

图 6-5　根据自身拥有的产品进行定位

根据自身业务范围进行定位，就是在自身的业务范围内发布视频内容，然后根据内容插入对应的商品链接。这种定位方式比较适合自身没有产品的抖音运营者，这部分运营者只需根据视频内容添加商品，便可以借助该商品的链接获得佣金收入。

例如，有两个关于水果拼盘制作的抖音号，他们发布的视频内容主要就是水果拼盘的制作过程，而账号运营者自身没有可以直接销售的商品。于是，运营者便在视频中添加他人店铺中的"水果拼盘神器"或"同款切水果板"等商品，来获取佣金收入，如图 6-6 所示。

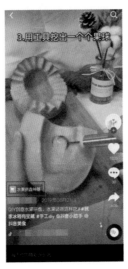

图 6-6　根据自身业务范围进行定位

6.1.4　用户定位：找准目标用户

在做用户定位时，抖音运营者可以从性别、年龄、地域分布、星座分布 4 个方面分析目标用户，了解抖音的用户画像和人气特征，并在此基础上更好地做出针对性的运营策略和精准营销。

（1）性别：可以分析这个账号的粉丝是男性多还是女性多。如果你销售的产品的主要消费群体为女性，但是账号中的粉丝却是男性偏多，那可以有意识地多打造一些吸引女性的内容。

（2）年龄：可以分析这个账号中粉丝的各年龄段的占比情况，了解粉丝主要集中在哪个年龄段，然后重点生产受这个年龄段粉丝欢迎的内容，增强粉丝的黏性。

（3）地域分布：可以明确粉丝主要集中于哪些地区，然后结合这些地区的文化，生产粉丝喜欢的内容。

（4）星座分布：可以了解哪些星座的粉丝比较多，每个星座通常有一定的个性特色，运营者可以根据其个性特色，打造更符合粉丝脾性的内容。

在了解用户画像情况时，我们可以适当借助一些分析软件。例如，可以通过如下步骤，在"飞瓜数据"微信小程序中进行了解。

Step01 在微信的"发现"界面中搜索飞瓜数据小程序，进入首页界面，这里以抖音号"代古拉 K"为例进行说明，如图 6-7 所示。

Step02 进入搜索结果界面后，在界面中选择对应的抖音号，如图 6-8 所示。

图 6-7　飞瓜数据小程序首页

图 6-8　选择对应的抖音号

Step03 操作完成后，即可进入"飞瓜数据 - 播主详情"界面，了解该抖音号的相关情况，如图 6-9 所示。

Step04 抖音运营者向上滑动页面，即可在"粉丝画像"板块中看到"性别年龄分布情况"，如图 6-10 所示。

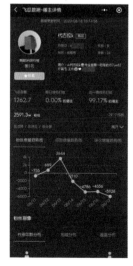

图 6-9　飞瓜数据小程序首页

图 6-10　性别年龄分布情况

除了性别、年龄分布之外，还可点击查看地域分布和星座分布的相关情况，具体如图 6-11 和图 6-12 所示。

图 6-11　地域分布情况　　　　　　图 6-12　星座分布情况

6.1.5　人设定位：树立个人品牌

人设是人物设定的简称。所谓人物设定，就是抖音运营者通过视频打造的人物形象和个性特征。通常来说，成功的人设能在抖音用户心中留下深刻的印象，让抖音用户能够通过某个或者某几个标签，快速想到该抖音号。

运营者要想成功吸粉和变现，还需要通过短视频来打造主角人设魅力，让大家记住你、相信你，相关技巧如图 6-13 所示。

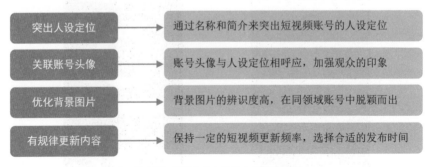

图 6-13　打造主角人设魅力的相关技巧

以"胡华成创业营"抖音号为例，不管是账号名称、个人简介，还是头像和背景图片，以及短视频内容、标题文案和书籍产品，都是以"创业"为核心定位来打造主角人设，如图 6-14 所示。

图 6-14　"胡华成创业营"抖音号

另外，运营者还需要在短视频的内容上下功夫，将内容与变现相结合，这样能够更好地吸引粉丝关注，带货自然不在话下，相关技巧如图 6-15 所示。

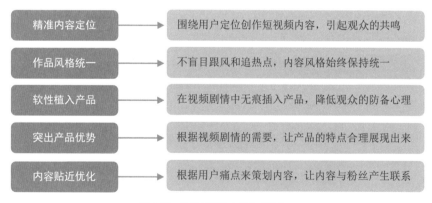

图 6-15　带货短视频内容的创作技巧

☆专家提醒☆

人物设定的关键就在于为视频中的人物贴上标签，那么，如何才能快速为视频中的人物贴上标签呢？其中一种比较有效的方式就是发布相关视频，呈现人物符合标签特征的一面。

6.1.6 风格定位：打造人格化 IP

IP 的全称为 Intellectual Property，其大意为"知识产权"，百度百科的解释为"权利人对其智力劳动所创作的成果和经营活动中的标记、信誉所依法享有的专有权利"。

如今，IP 常常用来指代那些有人气的东西，包括现实人物、书籍动漫、影视作品、虚拟人物、游戏、景点、综艺节目、艺术品、体育等。IP 可以用来指代一切火爆的元素。图 6-16 所示为 IP 的主要特点。

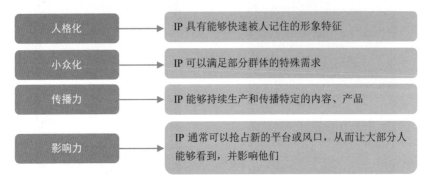

图 6-16　IP 的主要特点

在短视频领域中，个人 IP 就是基于账号定位来形成的，而超级 IP 不仅有明确的账号定位，而且还能够跨界发展。下面笔者总结了一些抖音达人的 IP 特点，如表 6-1 所示，用户可以从中发现他们的风格特点，从而更好地规划自己的短视频内容定位。

表 6-1　抖音达人的 IP 特点分析

抖音账号	粉丝数量	IP 内容特点
一禅小和尚	4678.3 万	"一禅小和尚"善良活泼，聪明可爱，而他的师傅"慧远老和尚"则温暖慈祥，大智若愚，他们两人上演了很多有趣温情的小故事
❤会说话的刘二豆❤	4529.6 万	"❤会说话的刘二豆❤"是一只搞怪卖萌的折耳猫，而搭档"瓜子"则是一只英国短毛猫，账号主人为其配上幽默诙谐的语言对话，加上两只小猫有趣搞笑的肢体动作，备受粉丝的喜爱
Angelababy	3934.4 万	Angelababy 本身是知名的艺人，不仅有"颜值"和才艺，而且自带话题和流量，在娱乐圈的积累，让她在抖音平台上也瞬间火爆起来

续表

抖音账号	粉丝数量	IP 内容特点
郭聪明	4294.9 万	郭聪明是一个新生代歌手，内容主要以歌曲演唱、特色配音和生活记录等为主，加上精心策划的有创意的短视频，曾创下 1 个视频涨粉 400 万的惊人纪录，并且获得了"全网年度十大短视频达人"的荣誉
多余和毛毛姐	3411.5 万	多余和毛毛姐因为一句"好嗨哦"的背景音乐而广为人知，其短视频风格能够带给观众一种"红红火火、恍恍惚惚"的既视感，有趣的内容不仅让人捧腹大笑，而且可以让心情瞬间好起来

通过分析上面这些抖音达人，我们可以看到，他们每个人身上都有非常明显的个人标签，这些就是他们的 IP 特点，能够让他们的内容风格更加明确和统一，让他们的人物形象深深印在粉丝的脑海中。

对于普通人来说，在这个新媒体时代，要变成超级 IP 并不难，关键是如何去做。笔者总结了一些打造 IP 的方法和技巧，如图 6-17 所示。

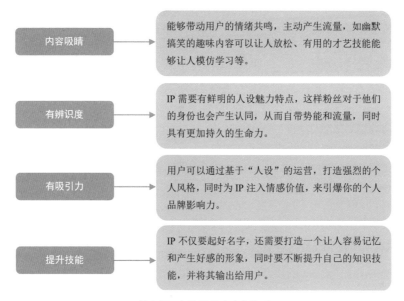

图 6-17　打造 IP 的方法和技巧

☆专家提醒☆

短视频的选题尽量独特有创意，同时要建立自己的选题库和标准的工作流程，这样不仅能够提高创作的效率，而且可以刺激观众持续观看的欲望。

6.2 信息设置——树立账号标签

快手号和抖音号这么多，怎样才能让你的账号从众多账号中脱颖而出？怎样被快手和抖音用户记住呢？其中一个方法就是通过信息的设置，为账号打上自己的标签，增加用户的记忆点。

6.2.1 账号注册：拥有运营平台

下面介绍抖音号和快手号的账号注册方法。

1. 抖音号

抖音是当下比较热门的短视频 APP，它会根据用户的地理定位、年龄和喜好不断优化自己的算法，从而不断贴近用户的审美和偏好。抖音从图 6-18 所示的几个运营方面走在了前边。

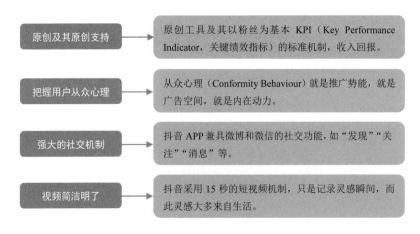

原创及其原创支持	→	原创工具及其以粉丝为基本 KPI（Key Performance Indicator，关键绩效指标）的标准机制，收入回报。
把握用户从众心理	→	从众心理（Conformity Behaviour）就是推广势能，就是广告空间，就是内在动力。
强大的社交机制	→	抖音 APP 兼具微博和微信的社交功能，如"发现""关注""消息"等。
视频简洁明了	→	抖音采用 15 秒的短视频机制，只是记录灵感瞬间，而此灵感大多来自生活。

图 6-18　抖音的运营机制初探

在运营机制上，抖音集各种优点于一身，甚至很多人说"抖音有毒"，会消耗人们大把的碎片化时间，"凌晨还在刷，不刷睡不着"的现象很常见。同时，明星入驻，风靡国外，更加说明了抖音不是一种简单的成功，它的崛起绝不是偶然。

在了解抖音的运营机制之后，短视频运营者可以开始注册自己的抖音账号了。抖音的账号注册比较简单，运营者可以用手机号进行验证登录，如图 6-19 所示。同时，运营者也可以直接使用头条号、QQ 号、微信号和微博号等第三方平台账号进行登录。图 6-20 所示为用微博号进行授权登录。

图 6-19　抖音登录　　　　　　　图 6-20　用微博号进行授权登录

2. 快手号

短视频运营者要进行快手运营，首先需要注册一个快手账号，并对账号的信息进行设置，打上自己的标签。与抖音一样，快手也无须进行相关的注册操作，只需用手机号或相关平台的账号，即可登录快手平台，如图 6-21 所示。

图 6-21　快手登录界面

6.2.2　账号名称：必须易于记忆

短视频平台的名字需要有特点，最好和定位相关，还能让人眼前一亮。例如，抖音上的"燃烧的陀螺仪"和快手上的"家味美食"，名称不仅特别，而且通俗易懂，如图 6-22 所示。

图 6-22 让人眼前一亮的账号名称

在设置账号名称时有 3 个基本的技巧，具体如下：

⊙ 名称不能太长，太长的话用户不容易记忆。

⊙ 名称尽量不要用生僻字或过多的表情符号。

⊙ 最好能体现人设感，即看见名称就能联系到人设。人设包括姓名、年龄、身高等人物的基本设定，以及企业、职位和成就等背景设定。这样，平台用户一看就知道你是做什么的，如果他对你的业务有相关需求，便会直接关注你的账号。

6.2.3 账号头像：展现良好形象

除了账号的名称能够代表你，头像也是你的另一张名片，所以，账号的头像也需要设置得有特点，必须展现自己最美的一面，或者展现企业的良好形象，能够让人一眼就记住你，或能够让人看到你的头像就想起你。

运营者可以进入账号的"编辑资料"界面，从相册中选择或拍照选择头像即可修改，图 6-23 所示为抖音和快手修改头像的界面。

在设置账号头像时有 3 个基本技巧，具体如下：

- ⊙　头像一定要清晰。
- ⊙　个人人设账号一般使用主播肖像作为头像。
- ⊙　团体人设账号可以使用代表人物形象作为头像，或者使用公司名称、Logo
   等标志。

图 6-23　抖音（左）和快手（右）的头像修改界面

6.2.4　账号简介：引导用户关注

用户在刷抖音的时候，通常是利用碎片化的时间快速浏览，当他浏览到一个页面的时候为什么会停下来？

除了头像、昵称的设置之外，短视频运营者还可在"编辑个人资料"界面中填写性别、生日/星座、所在地和个人介绍等个人资料。

在这些资料中，短视频运营者需要注意的是账号简介，一般来说，短视频账号简介通常是简单明了，一句话解决。其主要原则是"描述账号 + 引导关注"，基本设置技巧如下：

- ⊙　前半句描述账号特点或功能，后半句引导关注，一定要明确出现关键词"关
   注"，如图 6-24 所示。
- ⊙　账号简介可以用多行文字，但一定要在多行文字的视觉中心出现"关注"
   两个字。
- ⊙　用户可以在简介中巧妙地推荐其他账号，但不建议直接出现"微信"二字，
   如图 6-25 所示。

图 6-24　在简介中引导关注　　　　图 6-25　在简介中巧妙推荐其他账号

| 6.2.5 | 账号头图：必须进行设置

账号头图就是抖音主页界面最上方的图片，部分抖音运营者认为头图设不设置无所谓。其实，不然，其中的小心思可不少，头图用得好，粉丝的增长速度不可估量。

图 6-26 所示为一个没有设置头图的抖音号主页，看到这张图片之后你有什么感觉呢？笔者的感觉是，这个主页好像缺了什么东西，而且运营者连头图也不设置，像是没怎么用心在运营。

图 6-26　只有抖音默认头图的抖音号

　　其实，即便是随意换一张图片，感觉也会比直接用抖音号的默认图片要好得多，不仅如此，头图本身也是一个很好的宣传场所。例如，可以设置带有引导关注类文字的头图，提高账号的吸粉能力，如图 6-27 所示。

图 6-27　通过头图引导关注

　　另外，抖音运营者还可以在头图中展示自身的业务范围，让用户一看就知道你是做什么的。这样当用户有相关需求时，便会将你作为首要选择项，如图 6-28 所示。

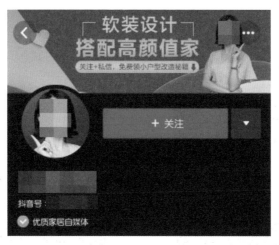

图 6-28　利用头图吸引客户

　　那么，如何更换抖音头图呢？下面介绍具体的操作步骤。

Step 01 进入抖音短视频 APP 的"我"界面，点击界面上方头图所在的位置，如图 6-29 所示。

Step02 进入头图展示界面，点击界面下方的"更换"按钮，如图 6-30 所示。

图 6-29 点击头图所在的位置

图 6-30 点击"更换"按钮

Step03 操作完成后，弹出头图修改方式对话框，大家可以通过"拍一张""从相册选择"或"从图库选择"的方式进行头图的修改，这里笔者以"从相册选择"为例进行说明，如图 6-31 所示。

Step04 选择"从相册选择"后，选择好照片，点击"确认"按钮，如图 6-32 所示。

图 6-31 选择"从相册选择"选项

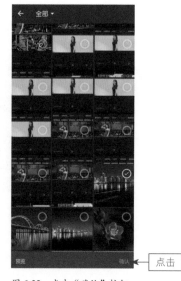

图 6-32 点击"确认"按钮

Step05 操作完成后，进入"裁剪"界面，在该界面中可以裁剪和预览头图展示效果，裁剪完成后，点击下方的"完成"按钮，如图 6-33 所示

Step06 操作完成后，返回"我"界面，此时就是更换后的头图了，如图 6-34 所示。

图 6-33　点击"完成"按钮

图 6-34　头图修改成功

在头图的修改过程中，如果想要获得更好的展示效果，需要对图片做一些修改。例如，笔者在操作时没有太注重图片的裁剪，所以，最后显示出来的效果，会有一些文字被遮挡了，还有一些文字没有显示出来。

6.2.6　其他信息：自行选择设置

除了名称、头像、简介和头图之外，抖音账号运营者还可以对学校、性别、生日和地区等账号信息进行设置。这些资料只需进入"编辑个人资料"界面即可直接进行修改。

在这 4 类账号信息中，学校和地区相对来说要重要一些。学校的设置，特别是与账号定位一致的学校信息设置，能让抖音用户觉得账号运营者更加专业，从而提高账号内容对抖音用户的吸引力。

而地区的设置，则能更好地吸引同城抖音用户的关注，从而提高账号运营者旗下实体店的流量。

以设置学校为例，抖音运营者可以点击"学校"后方的"点击设置"按钮，如图 6-35 所示。操作完成后，便可进入"添加学校"界面，在该界面中，抖音运营者可以对学校、院系、入学时间、学历和展示范围进行设置，如图 6-36 所示。

图 6-35　点击"点击设置"界面

图 6-36　"添加学校"界面

信息设置完成后，❶点击界面上方的"保存"按钮，操作完成后，弹出学校信息修改提醒对话框；❷抖音用户如果点击对话框中的"提交"按钮，如图 6-37 所示，将自动返回"编辑个人资料"界面，如果此时学校后方出现了相关信息，就说明学校信息设置成功了，如图 6-38 所示。

图 6-37　弹出学校信息修改提醒对话框

图 6-38　学校信息修改成功

学前提示:

面对短视频的营销推广风口,运营者想要在竞争中获得胜利,就必须了解并分析自己的受众群体数据,从而达到精准引流的效果。用户数据包括用户的性别、年龄、地区、职业和消费等方面,运营者需要对这些方面进行全面了解,才可以为这场战争打好营销基础。

第7章

用户画像:了解粉丝,实现精准营销

要点展示:

⊙ 深度分析粉丝属性

⊙ 针对分析精准营销

7.1　深度分析粉丝属性

随着互联网行业的发展，各种短视频平台层出不穷，例如现在正火的抖音、快手、美拍、秒拍及微信视频号，随着这些短视频 APP 的出现，也降低了制作视频内容的门槛。不管是谁，只要你有网络，有台手机，就可以随时随地拍短视频，随时随地上传至互联网。在短视频的风口下，带动了人人参与的热潮，各大短视频平台实时的互动模式也给用户带来了全新的视听体验。

在短视频正火的当下，大家都想利用短视频来获取收益，那么，想要利用短视频收益，该怎么做呢？本节就以抖音短视频平台来举例说明一下。

7.1.1　粉丝性别：了解男女比例

行业不同、短视频内容不同，那么，抖音号的关注用户的性别属性也会存在一定的相同点和不同点。运营者要做的是，从这些共性的性别属性中确定自身要运营的短视频平台账号的目标用户群体的性别属性。图 7-1 所示为"李佳琦 Austin"和"柚子 cici 酱"抖音号的关注用户性别分布图。

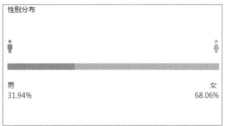

图 7-1　"李佳琦 Austin"（左）和"柚子 cici 酱"（右）抖音号用户性别分布图

由图 7-1 可知，"李佳琦 Austin"和"柚子 cici 酱"这两个与美妆相关的抖音号的关注用户性别分布中，女性用户占比远远多于男性用户占比。可见，这两个抖音号的关注用户是以女性用户为主，而且该平台上的美妆类账号用户也是以女性为主。

基于此，运营者可以基于"抖音短视频"APP 的关注用户性别分布情况，制定不同于微信公众号、头条号等平台的内容运营策略，增加更多适合女性用户的美妆内容。

7.1.2　粉丝年龄：看清年龄分布

图 7-2 所示为"李佳琦 Austin"和"柚子 cici 酱"抖音号的关注用户年龄分布图。

将鼠标指针移至占比最大的年龄段色块上，可显示该年龄段的用户占比数据。

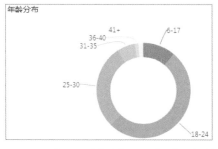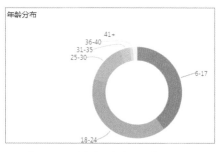

图 7-2　"李佳琦 Austin"（左）和"柚子 cici 酱"（右）抖音号用户年龄分布图

由图 7-2 可知，"李佳琦 Austin"和"柚子 cici 酱"两个与美妆相关抖音号的关注用户年龄分布中，占比最多的是"18 ～ 24"这一年龄段内的用户，几乎都在一半左右；其次是"25 ～ 30"和"6 ～ 17"这两个年龄段内的用户。表明这两个抖音号的用户偏向 6 ～ 30 岁的年轻群体。

可见，这两个抖音号的关注用户年龄属性是与"抖音短视频"APP 的用户年龄属性大体相符的，由此可知它们的短视频内容是符合平台整体的用户定位的。因而这些抖音号获得了大量用户关注也就不足为奇了。

运营者可以根据自身情况，在观看这些抖音号内容的情况下安排后续的短视频内容，打造出符合用户偏好和能满足用户需求的内容。

7.1.3　发布地区：主要聚集在哪

图 7-3 和图 7-4 所示分别为"李佳琦 Austin"和"柚子 cici 酱"抖音号的关注用户地域分布图。在地域分布图中，可分为"省份"和"城市"两类分布数据情况，运营者可以一一查看。

地域分布	省份 城市
名称	占比
广东	11.36%
江苏	8.06%
浙江	6.43%
山东	6.04%
河南	5.53%
四川	5.40%
安徽	4.05%
湖南	4.02%
河北	3.88%
辽宁	3.68%

地域分布	省份 城市
名称	占比
北京	5.47%
上海	5.25%
广州	4.61%
成都	4.46%
重庆	4.08%
深圳	4.00%
杭州	2.96%
武汉	2.83%
西安	2.72%
苏州	2.58%

图 7-3　"李佳琦 Austin"抖音号用户地域分布

地域分布	省份｜城市
名称	占比
广东	13.49%
四川	7.04%
江苏	6.03%
浙江	5.87%
山东	5.60%
河南	5.24%
湖南	4.64%
湖北	4.10%
福建	3.77%
广西	3.70%

地域分布	省份｜城市
名称	占比
重庆	5.68%
成都	4.91%
北京	4.79%
广州	4.51%
深圳	4.30%
上海	3.77%
武汉	2.43%
西安	2.37%
长沙	2.01%
杭州	1.99%

图 7-4 "柚子 cici 酱"抖音号用户地域分布

由图 7-3 和图 7-4 可知，"李佳琦 Austin"和"柚子 cici 酱"两个与美妆相关抖音号的关注用户地域分布中，"省份"分布图显示占比最多的都是广东省，且都为 11% ～ 13%，远多于其他省份；"城市"分布图显示占比排名前十的是经济发达的城市，特别是"北上广深"和"成都""重庆"这六大城市，在这两个抖音号的关注用户地域分布图都出现在前十的排名中。

运营者可以基于这些省份和城市的用户属性和工作、生活，进行资料的搜集和整理，还可以基于抖音号的"同城"功能进行城市的切换，观看这些地方比较火的短视频内容。最后进行归纳总结，安排一些目标用户可能感兴趣的内容，这样可以吸引更多的用户观看。

7.1.4 粉丝职业：分析主要需求

上文已经基于两个抖音号的数据对用户属性进行了分析，其实，除了这些以外，运营者还应该从抖音号的整体出发，了解更多的用户数据和属性。下面就从抖音用户的职业出发来进行介绍。

抖音用户大多是 30 岁以下的年轻人，且以 20 ～ 28 岁的用户居多，而这一群人极有可能是刚毕业的大学生和踏入社会还不久的用户。官方数据显示，在职业方面抖音用户主要是白领和自由职业者。

而这样的一群人，是有着鲜明特征的一群人，他们追求个性和自我，且容易跟风，追求流行时尚。因此，他们对于展示自己最美的一面和如何改造自己，都有着莫大的需求。从这一基于用户属性的特征和需求出发，在平台上发布符合他们需求的优质短视频内容，必然是受欢迎的。

图 7-5 所示为"跟我学穿搭"抖音号的部分短视频内容展示。可以看出，该抖音号中随便一个短视频的点赞量都有好几千，有的甚至高达几十万，像这样没有蹭热点而以"干货"为主的短视频，单单以它的内容吸引人——让人如何才能更美，可见是非常成功的，这样也说明了穿搭类的内容是容易吸引人的。

图 7-5 "跟我学穿搭"抖音号的部分短视频内容展示

7.1.5 星座数据：作为运营参考

图 7-6 和图 7-7 所示分别为"李佳琦 Austin"和"柚子 cici 酱"抖音号的关注用户星座分布图，图中对 12 个星座的用户——进行了展示。

星座分布	
♐ 摩羯座	12.10%
♎ 天秤座	9.24%
♏ 天蝎座	8.90%
♐ 射手座	8.62%
♌ 狮子座	8.26%
♍ 处女座	8.13%
♒ 水瓶座	7.96%
♊ 双子座	7.80%
♓ 双鱼座	7.80%
♋ 巨蟹座	7.38%
♉ 金牛座	7.02%
♈ 白羊座	6.78%

星座分布	
♐ 摩羯座	12.55%
♎ 天秤座	9.53%
♐ 射手座	8.97%
♏ 天蝎座	8.48%
♌ 狮子座	8.29%
♍ 处女座	8.10%
♊ 双子座	8.02%
♓ 双鱼座	7.88%
♒ 水瓶座	7.22%
♋ 巨蟹座	7.21%
♉ 金牛座	7.13%
♈ 白羊座	6.63%

图 7-6 "李佳琦 Austin"抖音用户星座分布　　　图 7-7 "柚子 cici 酱"抖音用户星座分布

由图 7-6 和图 7-7 可知，"李佳琦 Austin"和"柚子 cici 酱"两个与美妆相关的抖音号的关注用户星座分布中，占比最多的是摩羯座，其用户占比都在 6% 以上。另外，大家可能已经发现了，"李佳琦 Austin"和"柚子 cici 酱"抖音号的关注用户群体中的天秤座的占比也突破了 9%。

运营者可以基于这些占比较大的用户群体，推荐一些与他们的星座相关的摄影内容，或者基于占比较大的用户的共性特征，推荐相关内容，这样能更顺利地进行短视频运营推广。

7.1.6 消费能力：影响账号变现

根据易观智库提供的数据显示，在消费能力方面，抖音用户更多的是中等消费者，其次是中高等消费者，如图 7-8 所示。

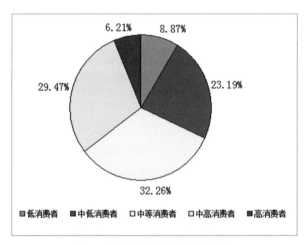

图 7-8 抖音用户的消费能力占比介绍

从图中可知，无论是中等消费者还是中高等消费者，他们都有一定的消费能力，且有一定的社会阅历和生活经历，容易冲动性消费，因而是易达成成交的一群消费者。

7.2 针对分析精准营销

短视频运营者除了从粉丝性别、粉丝年龄、发布地区等因素去分析外，还可以从视频点击量、品牌熟悉度、用户喜爱度、用户购买力、新增粉丝数等角度进行更进一步的分析。

7.2.1　用户推荐量：解析推荐算法

很多短视频运营者在创作内容时，都会遇到如下问题：自己的内容很好，封面和标题也做的不错，但推荐量却十分低。如何才能提升内容的推荐量呢？这就需要大家去了解平台的推荐算法的奥秘。

1. 推荐目标：你的内容会被推荐给哪些用户？

众多周知，抖音的推荐算法实现的是精准的个性化推荐，它会给每一位用户推荐其可能感兴趣或与其兴趣相符的内容。抖音的推荐算法对用户的认知是非常充分的，是建立在对大量数据进行分析而得出的用户画像的基础上来进行内容推荐的。具体说来，主要包括如下 3 个方面的数据。

（1）用户的属性数据：包括性别、年龄、地域、终端和常使用的 APP 等。

（2）用户的关注数据：包括订阅账号、订阅频道及关注的各种话题等。

（3）用户的兴趣数据：已浏览的短视频分类和关键词、相似用户喜欢浏览的短视频类型，以及标记了"不感兴趣"的实体词或短视频类型等。

通过这 3 项数据，可以让推荐系统对用户的观看兴趣有一个大体的把握。当然，对这些用户数据的判断，是建立在有着较大信息流基础之上的。这里的较大信息流主要包括两个方面的内容，具体如下。

- ⊙　一是从时间角度来说，用户使用抖音号的时间越长，系统获得的用户数据信息也就越多。
- ⊙　二是从用户数量角度来说，使用抖音号的用户越多，系统获得的数据信息也就越多。

☆专家提醒☆

经过时间和用户数量的数据信息积累，抖音平台的机器系统对用户的兴趣判断越来越精准，从而能够得出更加清晰的用户画像，最终寻找到某一个或某一类短视频的目标用户并进行内容的推荐。

2. 推荐规则：你的内容是如何被推荐给用户的？

抖音采用的是"分批次推荐"的推荐规则，运营者发布内容后，平台会将内容推荐给对该内容最可能产生兴趣的用户，同时分析这批用户的具体阅读数据，决定内容的下一次推荐量。

推荐用户这一数据与内容质量紧密关联：质量好，契合短视频平台的推荐机制，那么当天发布的内容获得的推荐用户就多；质量差，不符合短视频平台的推荐机制，那么当天发布的内容获得的推荐用户就少。

那么，推荐用户究竟是什么呢？推荐用户就是平台系统得出的一个关于发布的内容会推荐给多少用户来阅读的数据，这一数据并不是凭空产生的。是系统通过诸多方面的考虑和评估而给出的，而影响推荐用户的主要因素有该抖音号在最近一段时间内发布内容的情况、内容本身的用户关注热度等。

☆专家提醒☆

其实，推荐用户与接下来要介绍的新增用户和累计用户没有直接关系，与它有直接关系的是内容的阅读量。当然，没有直接关系并不是表示完全没有关系，因为如果内容的推荐量高，那么其阅读数就有可能越高，在这样的情况下，就可能有更多的新增用户关注头条号，也有利于积累更多粉丝。

7.2.2 视频点击量：决定营销效果

现在是全民都在玩短视频的时代，不管是使用者还是短视频内容发布者，都在积极参与中。玩短视频的人可以分为两种，一种是单纯带着娱乐性质的玩，另一种是想要利用短视频内容获得收益。

下面就以抖音为例，来讲讲第二种人，就是那些想要利用短视频内容获益的人。从抖音平台的视频点击量方面来讲，如何利用点击量为短视频助力，让其他用户更加了解你的品牌产品，以达到商业变现的目的？

为什么在抖音平台有的人发了视频却没人看？当用户将精心编辑了好久的短视频内容发布到平台上后，过了几个小时再去看，发现还是只有寥寥几个浏览量。

很多人都想不明白，为什么同样是发布视频，别人的短视频老是上推荐、上热门，而自己的连几个赞都没有。

这个现象就是现在很多平台奉行的一个原则，那就是"强者越强，弱者越弱"，因为那些网红有庞大的粉丝群体，一旦他们有新作品发布，粉丝就会争抢着去观看、评论、点赞、转发，这就是强者越强的原则，因为他们有粉丝基础。

这些粉丝就是他们最基础的点击量的保障，只要播放的指标达到了抖音平台的播放量，平台就会将其短视频推荐上热门，但前提是视频内容足够优质才行。

图7-9所示为两个关于美食的短视频，为什么左图的短视频可以上推荐上热门，而右图的短视频浏览量就非常少呢？其主要原因就是左图的短视频不管是从画面颜

色还是节奏的把握上，以及背景音乐等方面都比右图的短视频更好，所以，上热门也是水到渠成的事情。

相反，如果你的 IP 账号粉丝都没几个，怎能产生大量的点击量呢？结果只能是，发布出去的视频没有人看。但是，那些拥有庞大的粉丝群体的网红与普通用户有一个共同点，那就是，这个网红也是从 0 个粉丝变成现在拥有几百万甚至一千多万粉丝的网红，这其中只是需要一个过渡期而已。

图 7-9　视频优质内容上热门案例

☆专家提醒☆

短视频内容要有特色，首先要抓住受众的需求，也就是抓住用户的眼球。接下来，笔者将从以下几个方面阐述抓住用户眼球的内容要求。

（1）具有实用价值。从实用性的角度提供价值，就是指运营者为用户提供对他们日常生活有帮助的内容。

（2）具有趣味性。受众都是喜欢有趣的信息的，运营者如果能做到这点，对宣传效果必定大有裨益。

（3）具有震撼性。运营者在策划内容时做到意外性和稀缺性，能够提升内容的震撼性。什么是意外性和稀缺性？就是能让人感到意外，同时题材也十分稀缺的内容。对于越是少见的内容，用户越是感兴趣，它的传播价值也就越大。

那么，问题来了，这个过渡期还是要解决如何增加点击量的问题，一个新人怎么做才可以做到发视频有人看呢？其实这是需要运气和技巧结合的事情。

首先，用户必须有一个高质量内容的短视频，当发布短视频到平台上之后，可以适当地做一些数据操控，这样就会有很大的机会上推荐、上热门了。

不过，在这之前，你需要知道抖音平台的推荐机制是什么。如果发布到抖音平台的短视频是符合平台规定的，又是原创的，那么，抖音平台一般最先开始是将你的短视频推荐给 300 个正在使用抖音的在线用户。但是，你发布的这个短视频能不能火起来，就要看短视频的内容和那 300 个在线用户喜不喜欢了。

要想这个短视频火的概率变得更大的话，还需要注意以下两点。

第一点，在合法合规的情况下，在你的短视频中加上你的创意，如才艺、技能、情感、戏剧冲突等。如图 7-10 所示，这位男子耕田逗得大家很开心。

图 7-10　抖音短视频创意案例

在这个看脸的社会，如果你发布的内容中有颜值比较高的小哥哥、小姐姐，再加上上述创意内容的话，短视频火的概率会更大。但是，如果你只是一个长相普通的人，就需要多花点心思在内容方面了。在短视频中尽量多加一些让观看者意想不到的剧情，这样在剧情的加持下，短视频火的概率也会非常大。

第二点，就是多看一下抖音平台每天推荐的视频内容和已经上了热门的视频内容都是什么，可以去迎合他们视频中的内容。抖音平台每天都会出现一个或者好几个热点，如前阵子很火的"甩臀舞""海草舞"等。

有很多没有粉丝基础的运营者直接翻拍热点视频，点赞数也有上万或者几十万次，在有那么多点赞的同时，也增加了很多粉丝。除了大众模仿，还可以将这些热点内容进行改编，或许可以获得意想不到的效果。

等这个过渡期过去了，只要持续去正确运营自己的 IP 账号，你也可以成为下一个"网红"。当你成了"网红"之后，后续的点击量就有了粉丝基础，上热门也就是轻轻松松的事情，有了点击量后就可以向你的粉丝群体推广自己的品牌产品了。

7.2.3　品牌熟悉度：影响信任程度

品牌熟悉度指的是消费者对其品牌的熟悉程度。一般都会采用线上和线下问卷调查的模式，让消费者或者用户填写，然后对答卷进行分析得到结果。

一个品牌的知名度可以让该企业知道其品牌消费者的范围到底有多广；一个品牌的熟悉度则表示消费者不止知道有这个品牌的存在，还要对其品牌有很深的了解。消费者对品牌的熟悉度越深，说明这个品牌不止知名度广，而且用户认同度也相对而言比较高；品牌熟悉度比较浅的话，就说明用户对这个品牌不了解，一个人对某个东西不了解的话，一般不会形成购买力。

品牌的熟悉度可以分为 5 种不同的情况，如图 7-11 所示。

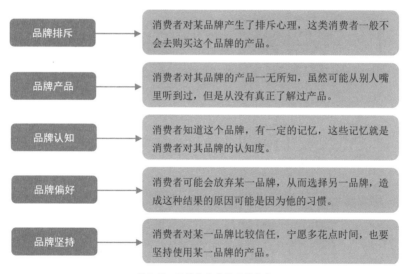

图 7-11　品牌熟悉度的 5 种分类

那么，如何让用户全面了解品牌，增加用户的熟悉程度呢？下面就以抖音平台为例来讲讲如何利用这个平台增加用户对品牌的熟悉度。

抖音短视频平台是现在非常火的短视频平台之一，在这种拥有庞大用户基数的平台流量的支持下，可以很容易将品牌推向更广的用户人群，增加他们对其品牌的熟悉度。

那么，想要增加用户的品牌熟悉度，应该怎么充分利用抖音这个平台呢？首先，企业可以将自己的品牌注册一个抖音官方账号，有了官方认证的账号，可以增加用户对这个账号的信任度。

其次，运营者可以利用抖音的话题功能，通过官方账号发布话题挑战，可以设置一定的奖励制度，或者让运营者去挑战抖音用户发起的话题，增粉引流。同时，多发官方动态，增加活跃度，多与评论区的用户互动，增加品牌和用户之间的亲密度，这些方法都可以让更多的用户更加了解和熟悉品牌。

例如，王老吉发起的"＃越热越爱去挑战"抖音挑战赛，邀请了很多网红大号参加，为品牌做宣传，如图 7-12 所示。在模仿跟拍爆款短视频时，如果用户一时找不到合适的爆款来模仿，此时参加抖音的挑战赛就是一个不错的途径。

在品牌效应和明星网红的带动下，王老吉的抖音挑战赛吸引了大量用户模仿跟拍，总播放次数达到了 54.1 亿次，传播效果非常惊人。用户只需在挑战赛话题主页中单击"参与"按钮，即可自动选择视频中的同款背景音乐，快速完成拍摄，如图 7-13 所示。

图 7-12　挑战赛话题主页

图 7-13　自动选择同款背景音乐

挑战赛除了具有很强的品牌推广作用外，还能引起大量用户跟拍互动。例如，抖音上非常火爆的"＃我就是"控雨"有术＃"挑战赛，其播放次数达到了 184.2 亿次。用户点击"参与"按钮后，可以自动使用"控雨"道具，用手掌即可控制雨水的降落和停止，不仅趣味性十足，而且制作门槛非常低，很容易吸引成百上千万的用户参加。

7.2.4 用户喜爱度：影响忠诚程度

用户喜爱度指的是用户对某一内容或产品的喜爱度，用户如果对某一内容很喜爱，就会成为该内容运营者的忠实用户，而且还会向身边的朋友进行推荐。下面以今日头条的视频数据分析功能为例（包括小视频和西瓜视频两部分），介绍分析用户兴趣、提升用户喜爱度的方法。

1. 小视频数据分析

进入头条号后台的“今日头条→数据分析→小视频分析”页面，即可查看所发布的小视频内容的播放量、评论量、收藏量、转发量、平均进度等数据指标，如图 7-14 所示。

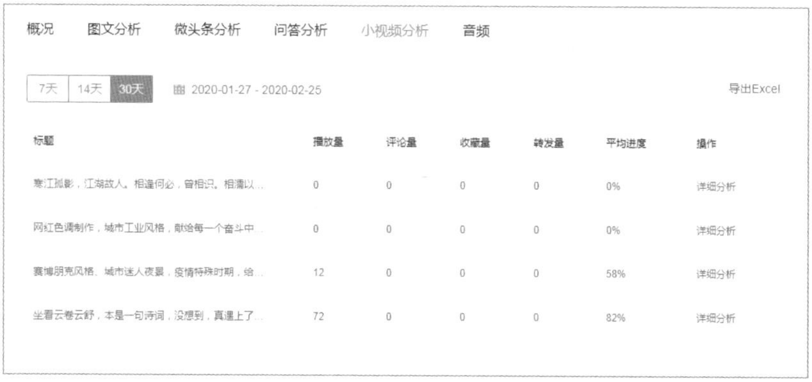
概况
图文分析
微头条分析
问答分析
小视频分析
音频
7天
14天
30天
2020-01-27 - 2020-02-25
导出Excel
标题
播放量
评论量
收藏量
转发量
平均进度
操作
寒江孤影，江湖故人。相逢何必，曾相识。相濡以…
0 0 0 0 0% 详细分析
网红色调制作，城市工业风格，献给每一个奋斗中…
0 0 0 0 0% 详细分析
赛博朋克风格、城市迷人夜景，疫情特殊时期，给…
12 0 0 0 58% 详细分析
坐看云卷云舒，本是一句诗词，没想到，真遇上了…
72 0 0 0 82% 详细分析

图 7-14　“小视频分析”页面

其中，“平均进度”反映了观众在观看时的深度和时长，喜欢看的用户会看得更久一些，进度相对较长。不喜欢看的用户，有可能只是滑动手机看一两秒，进度相对较短，这很可能是你的小视频内容让人觉得没有兴趣继续看下去。运营者在分析小视频内容时，要用两个内容和时长等同或相近的作品进行对比。

单击相应小视频操作栏中的“详细分析”按钮，可以查看单个小视频的播放量、评论量、收藏量、转发量和平均进度等数据指标，同时还能查看阅读来源分析图表，如图 7-15 所示。

在小视频的阅读来源分析区中，用这种图表形式能够更直观地展现出各种播放渠道带来的播放量。通过阅读来源分析，可以帮助运营者深入了解创作小视频时要侧重哪个方向、什么才是今日头条上的观众喜欢的内容。

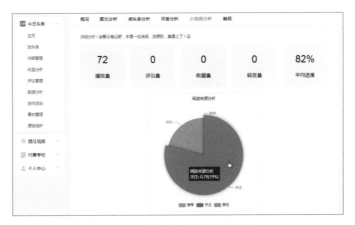

图 7-15　单个小视频详细数据分析

2．西瓜视频数据分析

运营者可以进入头条号后台的"西瓜视频→视频数据"页面，查看详细的视频数据，该功能分为"数据概览"和"视频详情"两个部分。在"数据概览"页面中包括"关键数据"和"数据趋势图"两个模块，如图 7-16 所示。

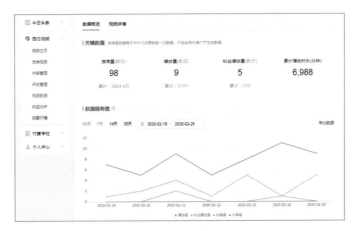

图 7-16　"数据概览"页面

关键数据包括推荐量（昨日／累计）、播放量（昨日／累计）、粉丝播放量（昨日／累计）及累计播放时长等数据指标。数据趋势图则是通过图表的形式展现一段时间内的视频总播放量、粉丝播放量、收藏量和分享数的变化。

进入"视频详情"页面，运营者可以在"视频标题"列表框中选择要查看数据的视频名称，下方会显示该视频的详细分析图表，包括性别比例、年龄分布、播放统计、昨日播放完成度明细及视频关键数据明细表等分析功能，如图 7-17 所示。

图 7-17 "视频详情"页面

在"性别比例"选项区中包括性别推荐量和性别播放量两个数据指标，运营者可以了解自己的视频是男性用户多一些，还是女性用户多一些。在"年龄分布"选项区中可以查看年龄推荐量和年龄播放量两个指标，帮助运营者了解自己的视频更受哪个年龄段的用户喜爱，如图 7-18 所示。

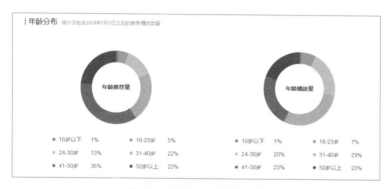

图 7-18 "年龄分布"数据分析

在"播放统计"选项区中可以查看"推荐来源""和播放完成度分析"两个指标，帮助运营者了解该视频的主要流量来源渠道，如图 7-19 所示。

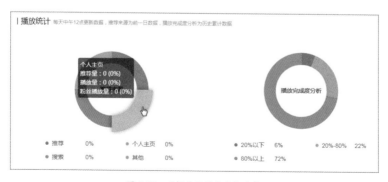

图 7-19 "播放统计"数据分析

在"昨日播放完成度明细"选项区中，通过趋势图的形式展现"播放完成度占比"和"视频播放进度占比"这两个数据指标的变化，能够让运营者对该视频的播放完成度有一个更全面的了解，如图 7-20 所示。

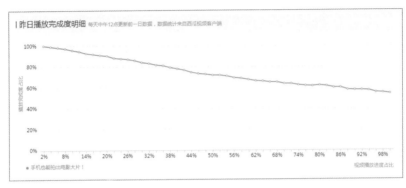

图 7-20　"昨日播放完成度明细"数据分析

在"视频关键数据明细表"选项区中，运营者可以根据"性别年龄"或"视频数据"两种方式查看该视频的关键数据明细，如图 7-21 所示。

图 7-21　"视频关键数据明细表"数据分析

运营者可以通过以上数据对视频内容进行深度分析，为视频内容的创作提供更有利的选题依据，同时还可以帮助运营者更好地把控内容领域、优化视频标题、改善视频内容，来进一步增强粉丝的忠诚度。

7.2.5　用户兴趣点：找到用户需求

首先，我们要清楚自己的受众都喜欢哪些分类的内容。图 7-22 所示为某个短视频账号的用户偏好分类内容分布情况。

从图 7-22 所示的柱形图中可以很清楚地看到偏好不同分类内容的用户比例差距

和具体的占比，有了这些数据，运营者对内容的可拓展方向一般就有了大致的把握，那么接下来的运营工作也就会相应成熟起来，做到得心应手。

　　关于用户偏好哪些分类内容，其实也是用户属性的组成内容之一。用户偏好哪些分类内容，更多是建立在主观上的数据情况，为运营者提供明确的内容运营方向。

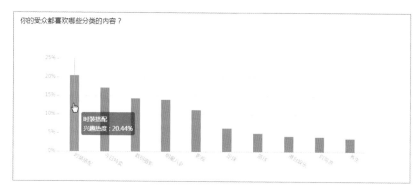

图 7-22　用户偏好分类内容分布图

　　图 7-23 所示为"你内容里的哪些关键词更受关注？"模块体现了粉丝的偏好关键词分布情况。与偏好哪些分类内容相似，关于用户偏好哪些关键词也可以为具体的运营工作提供直接的指导。

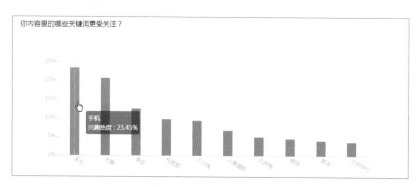

图 7-23　用户偏好关键词分布

　　更重要的是，它是针对运营者所推送内容的所属分类而得来的结果，因而可以在内容中合理植入更多用户偏好的关键词，以便让内容被更多的用户搜索和喜欢，从而促进短视频账号的发展和壮大。

　　在当今新媒体时代，大大小小的短视频平台和运营者数不胜数，在这些平台的不同账号间并不是独立的，总是与其他账号有着关联。例如，关注这一个账号的用户，同时也有可能关注另一个账号。

　　这些与自身账号有着相同用户和相似的用户属性的短视频账号发展情况不一，

有粉丝很多的，也有粉丝很少。那么，应该选择什么样的短视频账号进行合作，才能实现双赢呢？

具体来说，在完成了数据对比分析的情况下，运营者可以从两个方面来判断合作的账号：一是浏览量，浏览量表示账号的活跃情况；二是评论量，有评论不仅代表账号的活跃程度足够高，而且还代表用户对短视频的感兴趣度非常高，感兴趣才会去评论。具体的合作策略如下：

- ⊙ 有些短视频账号显示有很多粉丝，但发布的短视频浏览量却不高，这类账号中粉丝的活跃度是比较低的，是不适宜合作的。
- ⊙ 有些短视频账号的粉丝数不是特别高，但是短视频浏览量却比其他一些粉丝数高的账号要高，这类账号是比较适合进行合作的。
- ⊙ 有些短视频账号虽然粉丝比较少，但是作品往期的浏览量比较稳定，说明该账号的粉丝活跃情况也是比较稳定的，与其合作，在粉丝兴趣相近的情况下，是可以达到快速增粉的效果的。

学前提示:

在运营短视频的过程中,内容的选择可谓是一个关键。只要内容选对了,那么,你的短视频运营就相当于赢在了起点。

具体来说,短视频的内容要如何进行选择呢? 本章就来重点回答这个问题。

第8章

内容选择:找准热门就是赢在起点

要点展示:

⊙ 找到好内容的生产方法

⊙ 找到容易上热门的内容

⊙ 掌握好内容的展示技巧

8.1 找到好内容的生产方法

要想打造出爆款视频，必须掌握内容生产方法。本节重点介绍 5 种内容生产方法，让大家可以快速生产出热门内容。

8.1.1 原创视频：根据定位进行制作

有短视频制作能力的运营者，可以根据自身的账号定位，打造原创短视频内容。很多人开始做原创短视频时，不知道拍摄什么内容，大家可以从以下几方面入手：

- ⊙ 可以记录你生活中的趣事。
- ⊙ 可以学习热门的舞蹈、手势舞等。
- ⊙ 配表情系列，利用丰富的表情和肢体语言。
- ⊙ 旅行记录，将你在旅途中所看到的美景通过视频展现出来。
- ⊙ 根据自己所长，持续产出某方面的内容。

8.1.2 搬运素材：加入创意适当改编

需要借用他人的素材时，如果直接将视频搬运过来，并发布到短视频平台上，不仅没有原创性，而且还存在侵权的风险。运营者需要特别注意的是，最好不要搬运他人在其他平台中发布的视频。如果短视频运营者将搬运的带有水印和 Logo 的短视频发布了，那么，你可能会收到一条该短视频将被限制传播的通知，如图 8-1 所示。

图 8-1　短视频被限制传播的通知

这样一来，用户一看就知道你是直接搬运的其他平台的短视频，而且对于这种直接搬运他人视频的行为，短视频平台也会进行限流。因此，这种直接搬运他人的视频是不可能成为爆款视频的。

所以，在生产短视频时，如果需要借用他人的素材，一定要将视频搬运过来之后，适当地进行改编，从而在原视频的基础上增加自身的原创内容，避免侵权。

图 8-2 所示的短视频中，就是在搬运《彼得兔》视频的基础上，对视频进行了重新配音，并配备了对应的字幕。因为视频本身就具有一定的趣味性，再加上后期的搞笑配音，让用户看到之后觉得非常有趣，便纷纷点赞、评论。于是，这一条运用搬运法打造的视频，很快就火了。

图 8-2　在搬运视频中加入配音和字幕

8.1.3　借用模板：嵌套内容打造视频

对于大家熟悉的一些桥段或者已经形成了模板的内容，短视频运营者只需在原有模板的基础上嵌套一些内容，便可以快速生产出原创短视频。

这种内容打造方法的优势就在于，运营者只需将自身的视频内容嵌入模板中就能快速打出一条新视频，而且新增的内容与模板中原有的内容还能快速产生联系。

8.1.4　模仿热门：紧跟平台实时热点

模仿法就是根据快手或抖音平台上已发布的热门短视频，依葫芦画瓢来打造自己的视频。这种方法常用于已经形成热点的内容，因为一旦热点形成，模仿与热点相关的内容，会更容易获得短视频用户的关注。

例如，2019 年 12 月，随着歌曲《火红的萨日朗》的走红，快手抖音上出现了"#草原最美的花"话题。看到该话题的热度之后，许多人在该话题下以这首歌为背景跳起了舞，而且舞姿基本都是统一的，许多短视频运营者发布了跳该舞蹈的短视频后，便获得了大量的点赞，这便是运用模仿法拍摄短视频的典型案例。

8.1.5 扩展延伸：打造新意制造热度

对于短视频运营者来说，在他人发布的内容基础上适当进行延伸，从而产出新的原创视频，也是一种不错的内容生产方法。与模仿法相同，扩展法参照的对象也是以各短视频平台上的热点内容为佳。

8.2 找到容易上热门的内容

做短视频运营，一定要对那些爆款产品时刻保持敏锐的嗅觉，及时去研究、分析、总结他们成功背后的原因。不要一味地认为那些成功的人都是运气好，而要思考和总结他们是如何成功的。多积累成功的经验，站在"巨人的肩膀"上运营，你才能看得更高、更远，才更容易超越他们。本节总结了短视频平台中的八大热门内容类型，大家在运营短视频时可以适当地进行参考。

8.2.1 帅哥美女：用颜值为视频加分

为什么把"高颜值"的帅哥美女摆在第一位呢？笔者总结这一点的原因很简单，就是因为在快手和抖音平台上，许多账号运营者都是通过自身的颜值来取胜的。

以抖音为例，根据 2020 年 4 月 25 日的数据显示，抖音粉丝排行第一名、第二名是"人民日报"和"央视新闻"，而排在三、四位的则是明星人物，且他们的粉丝数量都超过了 5000 万。不可否认的是，这些明星的颜值都比较高，而且他们获得的点赞数据都超过了 1 亿，这说明粉丝的黏性非常高，非常活跃。

由此不难看出，颜值是抖音营销的一大利器。只要长得好看，即便没有过人的技能，随便唱唱歌、跳跳舞、拍个视频也能吸引一些粉丝。毕竟高颜值的美女帅哥，比一般人更能吸引用户的目光。这一点其实很好理解，毕竟谁都喜欢看美的东西。很多人之所以刷抖音，其实并不是想通过抖音学习什么，而是借助抖音打发一下时间，而且在他们看来，看一下帅哥、美女本来就是一种享受。

8.2.2　萌人萌物：呆萌可爱人见人爱

萌往往和"可爱"这个词对应，而许多可爱的事物都是人见人爱的。所以，许多用户在看到呆萌可爱的事物时，都会忍不住想要多看几眼。在短视频中，根据展示的对象，可以将萌分为 3 类，下面分别进行分析。

1．萌娃

萌娃是深受快手和抖音用户喜爱的一个群体。萌娃本身看着就很可爱了，而且他们的一些行为举动也让人觉得非常有趣。所以，与萌娃相关的视频，很容易就能吸引许多用户的目光。

2．萌宠

许多人之所以养宠物，就是觉得宠物很萌。如果能把宠物日常生活中惹人怜爱、憨态可掬的一面通过视频展现出来，就能吸引许多喜欢萌宠的用户前来围观。

也正是因为如此，抖音上兴起了一大批萌宠"网红"。例如，"会说话的刘二豆"的抖音粉丝数超过 4500 万，其内容以记录两只猫在生活中遇到的趣事为主，视频中经常出现快手和抖音上的"热梗"，配以"戏精"主人的表演，给人以轻松愉悦之感。图 8-3 所示为"会说话的刘二豆"发布的抖音短视频。

图 8-3　"会说话的刘二豆"发布的抖音短视频

短视频中萌宠类运营者的数量不少，运营者要想从中脱颖而出，必须重点掌握一些内容策划的技巧，具体如下：

（1）让萌宠人性化。可以从与萌宠的日常生活中找到它的"性格特征"，并通过剧情的设计，对萌宠的"性格特征"进行展示和强化。

（2）让萌宠拥有特长。可以通过不同的配乐，展示宠物的舞姿，把宠物打造成"舞王"。

（3）配合宠物演戏。可以拍一个萌宠的日常片段，然后通过后期配音或字幕，让萌宠和主人"说话"。

3.萌妹子

萌妹子身上常常会自带一些标签，如爱撒娇、天然呆、温柔、容易害羞等。在这些标签的加持之下，短视频用户看到视频中的萌妹子时，往往都会心生怜爱和保护之情。

快手和抖音上就有许多非常火的萝莉，她们不仅拥有着非常性感迷人的身材，而且风格也很二次元，经常穿着"lo服"出现在镜头前，甜美的造型加上萌妹的身材，很受宅男网友的欢迎。

8.2.3 才艺展示：看点十足赏心悦目

才艺包含的范围很广，除了常见的唱歌、跳舞之外，还包括摄影、绘画、书法、演奏、相声、脱口秀等。

只要视频中展示的才艺足够独特，并且能够快速让用户觉得赏心悦目，那么，视频很容易就能上热门。下面，笔者分析和总结了一些短视频平台上"大V"们不同类型的才艺内容，看看他们是如何成功的。

1.演唱才艺

冯提莫不仅拥有较高的颜值，而且歌声非常好听，还曾在各种歌唱节目中现身，展示非凡的演唱实力。这也让冯提莫快速成为一个知名的网红歌手。

2.舞蹈才艺

代古拉K给短视频用户留下深刻记忆的除了她动感的舞蹈，还有单纯美好的甜美笑容。代古拉K的真名叫代佳莉，是一名职业舞者，她拍的舞蹈视频很有青春活力，给人朝气蓬勃、活力四射的感觉，跳起舞来更是让人心神荡漾。

代古拉K在成名前，除了短视频平台之外，从未参加过任何综艺节目，如今也踏上了《快乐大本营》的舞台，前途不可限量。要知道"网红"能登上电视，就是对她的一种肯定，对自身的知名度也有一定的影响。

才艺展示是塑造个人 IP 的一种重要方式。而 IP 的塑造，又可以吸引大量精准的粉丝，为 IP 的变现提供良好的前景。因此，许多拥有个人才艺的短视频运营者都会注重通过才艺的展示来打造个人 IP。

3．演奏才艺

对于一些学乐器的，特别是在乐器演奏上取得了一定成就的短视频运营者来说，展示演奏才艺类的视频，内容只要足够精彩，便能快速吸引大量短视频用户的关注。

8.2.4　美景美食：带来视觉上的享受

关于"美"的话题，从古至今，有众多与之相关的，如沉鱼落雁、闭月羞花、倾国倾城等，除了表示其漂亮外，还附加了一些漂亮所引发的效果在内。可见，颜值高，还是有着一定影响力的，有时甚至会起决定作用。

当然，这里的"美"并不仅仅是指人，还包括美景、美食等。运营者可以通过在短视频中将美景和美食进行展示，让短视频用户共同欣赏。

从人的方面来说，除了先天条件外，想要变美，有必要在自己所展现出来的形象和妆容上下功夫，让自己看起来显得精神，有神采，而不是一副颓废的样子，这样也能明显提升颜值。

从景物、食物等方面来说，美是完全可以通过其本身的美再加上高深的摄影技术来实现的，如精妙的画面布局、构图和特效等，就可以打造一个高推荐量、播放量的短视频文案。图 8-4 所示为高颜值的美食、美景短视频内容。

图 8-4　美食、美景的短视频

短视频的发展为许多景点带来了发展机遇，许多景点，甚至是城市也开始借助短视频来打造自己的 IP。例如，许多人在听了赵雷的《成都》之后，会想看看"玉林路"和"小酒馆"的模样；许多人看到摔碗酒之后，会想去西安体验大口喝酒的豪迈；许多人在短视频中看到重庆"穿楼而过的轻轨"时，会想亲自去重庆体验轻轨从头上"飞"过的奇妙感觉。

短视频同样为城市找到了新的宣传突破口，城市中每个具有代表性的吃食、建筑和工艺品都被高度提炼，配以特定的音乐、滤镜和特效，打造一个个视频，并在视频中设置地点。短视频用户看到视频之后，如果想要亲自体验，就会到对应地点去打卡。

8.2.5 技能传授：分享各种实用技巧

许多短视频用户是怀着猎奇的心态刷短视频的。那么，什么样的内容可以吸引这些短视频用户呢？其中一种就是技能传授类的内容。

为什么呢？因为短视频用户看到自己没有掌握的技能时，会感到不可思议，并且想要通过短视频学会该技能。技能包含的范围比较广，既包括各种绝活，也包括一些小技巧。图 8-5 所示的短视频展示的就是多种植物种植的技巧。

图 8-5　通过短视频技能传授吸引用户关注

很多技能都是长期训练之后的产物，普通短视频用户可能也不能轻松地掌握。其实，除了难以掌握的技能之外，短视频运营者也可以在视频中展示一些短视频用户学得会、用得着的技能。例如，一些曾在抖音中爆红的整理技能便属于此类，具体有以下几种：

⊙　抓娃娃"神器"、剪刀娃娃机等娱乐技能。

⊙　快速点钞、创意地堆造型补货等超市技能。

⊙　剥香肠、懒人嗑瓜子、剥橙子等"吃货"技能。

⊙　叠衣服、清洗洗衣机、清理下水道等生活技能。

与一般的内容不同，技能类的内容能让一些用户觉得像是发现了一个新大陆。因为此前从未见过，所以会觉得特别新奇。如果用户觉得视频中的技能在日常生活中用得上，就会进行收藏，甚至将视频转发给自己的亲戚和朋友。因此，只要你在视频中展示的技能在用户看来是实用的，那么播放量通常会比较高。

8.2.6　幽默搞笑：氛围轻松博君一笑

幽默搞笑类的内容一直都不缺观众，许多短视频用户之所以经常刷短视频，主要就是因为其中有很多短视频内容能够逗人一笑。所以，那些笑点十足的短视频内容很容易就能得到大量用户的点赞。

图 8-6 所示的短视频中，一只猫一步一步地走向镜头，脚走得非常快，但头一动不动，非常标准的模特步。这件事本来就具有一定的趣味性，再加上有节奏感的配乐，所以整个短视频就显得比较搞笑。

图 8-6　幽默搞笑型短视频

8.2.7　信息普及：提高内容的覆盖面

有时专门拍摄短视频内容比较麻烦，如果运营者能够结合自己的兴趣爱好和专业打造短视频内容，对大众都比较关注的一些方面进行信息的普及，那么，短视频的制作就会变得容易很多。而且如果用户觉得你普及的内容具有收藏价值，也会很乐意给你的短视频点赞。

例如，"文字音乐馆"主要是对音乐进行普及；"小白手机摄影"主要是对摄影技巧进行普及。因为音乐和摄影都有广泛的受众，而且其分享的内容对于用户也比较有价值。因此，这两个短视频账号发布的短视频内容都能得到不少用户的支持。

8.2.8 知识输出：传授知识传达价值

如果看完你的短视频之后能够获得一些知识，那么，受众自然会对你发布的短视频感兴趣。

例如，笔者运营的抖音号就是一个专门教用户制作新媒体内容的账号，所以，很容易就吸引了大量爱好新媒体创业的用户的关注，如图 8-7 所示。

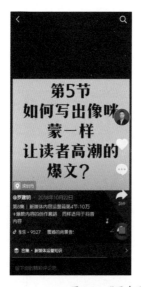

图 8-7 "罗建明"抖音号发布的相关短视频

8.3 掌握好内容的展示技巧

虽然每天都有成千上万的视频运营者将自己精心制作的视频上传到短视频平台上，但被标记为精选和上了热门的视频却寥寥无几，到底什么样的视频可以被推荐？

本节将从传达能量、发现美好、设计内容、融入创意、添加话题 5 个方面分别介绍短视频上热门的常见技巧。

8.3.1　传达能量：健康乐观积极向上

运营者在短视频中要体现出积极乐观的一面，向用户传达正能量。什么是正能量？百度百科给出的解释是："正能量指的是一种健康乐观、积极向上的动力和情感，是社会生活中积极向上的行为。"接下来，笔者将从 3 个方面结合具体案例进行解读，让大家了解什么样的内容才是正能量的内容。

1. 好人好事

好人好事包含的范围很广，它既可以是见义勇为，为他人伸张正义；也可以是拾金不昧，主动将财物交还给失主；还可以是看望孤寡老人，慰问环卫工人。

受众在看到这类视频时，会从那些做好人好事的人身上看到善意，感觉到这个社会的温度。同时，这类视频很容易触及短视频用户柔软的内心，让其看后忍不住想要点赞。

2. 文化内容

文化内容包含书法、乐趣和武术等。这类内容在短视频中具有较强的号召力。如果短视频运营者有文化内容方面的特长，可以用短视频的方式展示给用户，让其感受到文化的魅力。

图 8-8 所示的抖音短视频中，便是通过展示书法写作来让用户感受文化魅力。

图 8-8　展示文化内容的短视频

3．努力拼搏

当用户看到短视频中那些努力拼搏的身影时，会感受到满满的"正能量"，这会让用户在深受感染之余，从内心产生一种认同感。而在短视频中表达认同感最直接的方式就是点赞，因此，那些传达努力拼搏精神的短视频，通常比较容易获得较高的点赞量。

在这里，笔者就简单介绍一下"正能量"和"美好生活"的区别。通常来讲，"正能量"都是对"美好生活"的体现，但是，却不是所有的"美好生活"，都能体现出"正能量"。

例如，一只可爱的小狗，就能算是"美好生活"的一种体现，但它却不能体现出"正能量"。当然，如果这只小狗在寒冷的冬天还呆在门口等待主人的归来，那这件事便带有了"正能量"。

8.3.2 发现美好：记录生活分享快乐

生活中处处充满美好，缺少的只是发现的眼睛，用心记录生活，生活也会时时回馈给你惊喜。有时我们在不经意之间可能会发现一些平时看不到的东西，或者是创造出的一些新事物就能给我们带来快乐。生活当中的美好涵盖的面非常广，一些简单的快乐也属于此类。

有的短视频运营者用红蜡和树枝制作了一些插花，并用其装点了屋子，这便属于自己创造了生活中的美好。

8.3.3 设计内容：剧情反转增加看点

拍摄短视频时，使人意外的反转往往能让人眼前一亮。在拍摄时要打破惯性思维，使用户在看开头时猜不透结局的动向。当看到最终结果时，便会豁然开朗，忍不住为其点赞。

例如，由"徐记海鲜"发布的一个剧情反转的短视频，其内容如下：男朋友的妈妈以为女孩是个卖虾的，给女孩一张百万元的支票，要求她离开自己的儿子。结果女孩刚走，男朋友跑进来痛哭流涕跟他妈妈说，这个海鲜酒楼都是女孩家的，此时剧情反转，男友妈妈颤抖着双手说道："应该还没有走远，赶紧去追。"

这种反转能够让观众产生惊喜感，同时对剧情的印象更加深刻，刺激他们去点赞和转发。下面笔者总结了一些拍摄剧情反转类短视频的相关技巧。

⊙ 剧情有代入感，剧情贴合观众的生活或工作场景，增加代入感。

⊙ 台词幽默搞笑，采用旁白进行叙事，设计能引起观众爆笑的台词。

⊙ 剧情容易模仿，结合正能量与反转剧情，带动观众进行模仿跟拍。

⊙ 人物形象反差，剧中的人物形象与角色定位或话题形成强烈反差。

⊙ 试听体验反差，使用与剧情形成强烈反差的背景音乐，增加噱头。

⊙ 加入地域对比，采用不同地域的文化习惯或生活方式形成鲜明对比。

⊙ 加入角色对比，设计角色的财富高低、人物年龄、人物形象等对比。

8.3.4 融入创意：奇思妙想脑洞大开

在短视频中，那些具有奇思妙想的短视频内容从来不缺少粉丝的点赞和喜爱。因为这些短视频都体现出运营者的创意，让用户看完之后感觉到奇妙，甚至是神奇。运营者可以结合自身优势，打造出创意视频。

例如，一名擅长雕花的短视频运营者，拍摄了一条展示西瓜雕刻作品的短视频。用户看到该短视频之后，因其独特的创意和高超的技艺而纷纷点赞，如图 8-9 所示。

图 8-9 展示西瓜的创意雕刻

除了展示各种技艺之外，短视频运营者还可以打造一些生活小妙招。例如，一位短视频运营者通过展示衣物折叠的技巧，就获得了大量用户的点赞和转发，如图 8-10 所示。

创意类内容还包括一些"脑洞"大开的段子、搞笑视频、日常生活中的创意等，这些内容中出其不意的反转格外吸睛，即使是相似的内容也能找到不同的笑点。

　　用户产生点赞的行为通常有两个出发点，一种是对视频内容的高度认可和喜欢，另一种是害怕以后再也刷不到这条视频，所以要进行收藏。搞笑视频则更偏向于前者，分享门槛低，是最容易激起转发欲望的一种视频类型。

图 8-10　展示衣服折叠小技巧

8.3.5　添加话题：设计话题引发讨论

　　很多短视频用户发布的内容都是原创的，制作方面也花了不少心思，但是却得不到系统的推荐，点赞和评论都很少，这是为什么呢？

　　其实，一条视频想要在短视频平台上火起来，除"天时、地利、人和"以外，还有两个重要的"秘籍"，一是要有足够吸引人的全新创意，二是内容的丰富性。要做到这两点，最简单的方法就是紧抓热点话题，丰富自己短视频账号的内容形式，发展更多的新创意玩法。

　　具体来说，紧跟热门话题有两种方法，一种方法是根据当前发生的大事、大众热议的话题，打造内容。

　　例如，有段时间网课特别火，老师被逼无奈纷纷当起了"网络主播"，而学生也得乖乖按时上网课。一位短视频运营者就紧抓这一热点，在短视频平台上发布了一个吐槽上网课的短视频，视频内容就是老师和学生在上了一段时间的网课之后，心态发生了变化，都希望能早点开学，去教室上课。

　　另一种方法是根据其他平台的热门话题来打造内容。因为刷短视频的用户具有一定的相似性，在某个短视频平台中受欢迎的话题，拿到其他平台上，可能同样能够吸引大量目光。

　　大多数短视频平台都会推出一些官方话题活动，短视频运营者可以找到这些平台推出的话题活动，然后结合相关话题打造短视频，并进行发布。那么，如何寻找短视频平台推出的官方活动呢？接下来，笔者就以抖音为例，进行具体的说明。

Step 01 登录抖音短视频 APP，点击视频播放界面的🔍按钮，如图 8-11 所示。

Step 02 进入抖音发现界面，点击"更多"按钮，便可在滚动轮播图的板块中看到抖音官方推出的相关话题活动。图 8-12 所示为抖音官方推出的"追梦不止"话题活动。

图 8-11　点击🔍按钮

图 8-12　查看抖音官方推出的话题活动

学前提示:

脚本是短视频制作的基础,脚本编写得好,拍出来的短视频通常也差不了。

那么如何编写天马行空的脚本,让粉丝为依照脚本打造出的短视频点赞呢? 本章将介绍如何策划内容。

第 9 章

内容策划: 编写视频脚本 设计情节

要点展示:

⊙ 10 万 + 视频脚本编写技巧

⊙ 设计故事性的短视频情节

⊙ 故事情节要抓住用户心理

9.1　10 万＋视频脚本编写技巧

短视频脚本的编写是有技巧的，如果短视频运营者掌握了脚本编写的技巧，那么根据编写的脚本制作的短视频就能够获得较为可观的播放量，其中优质短视频的播放量甚至可以达到 10 万＋。

具体来说，短视频脚本的编写有哪些技巧呢？本节就从基本类型、前期准备、内容构架、剧情策划、人物话语、脚本分镜 6 个方面分别进行解读。

9.1.1　基本类型：3 种常见视频脚本

短视频脚本大致可以分为 3 大类型，每种类型各有优缺点，其适用的短视频类型也不尽相同。

短视频运营者在脚本编写的过程中，只需根据自身情况选择相对合适的脚本类型来编写脚本即可。接下来，对短视频脚本的 3 大类型进行介绍。

1. 拍摄大纲脚本

拍摄大纲脚本就是将需要拍摄的要点——列出，并据此编写一个简单的脚本。这种脚本的优势就在于，能够让短视频拍摄者更好地把握拍摄的要点，让短视频的拍摄具有较强的针对性。

通常来说，拍摄大纲类脚本比较适用于带有不确定性因素的新闻纪录片类短视频和场景难以预先进行分镜头处理的故事片类短视频。如果短视频运营者需要拍摄的短视频内容没有太多的不确定性因素，那么这种脚本类型就不太适用了。

2. 分镜头脚本

分镜头脚本就是将一个短视频分为若干个具体的镜头，并针对每个镜头安排内容的一种脚本类型。这种脚本的编写比较细致，它要求对每个镜头的具体内容进行规划，包括镜头的时长、景别、画面内容和音效等。

通常来说，分镜头脚本比较适用于内容可以确定的短视频，如故事性较强的短视频。而内容具有不确定性的短视频，则不适合适用这种脚本类型，因为在内容不确定的情况下，分镜头的具体内容也是无法确定下来的。

3. 文学脚本

文学脚本就是将小说或各种小故事进行改编，并以镜头语言的方式来进行呈现的一种脚本形式。与一般的剧本不同，文学脚本并不会具体指明演出者的台词，而是将短视频中的人物需要完成的任务安排下去。

通常来说，文学脚本比较适用于拍摄改编自小说或小故事的短视频，以及拍摄思路可以控制的短视频。也正是因为拍摄思路得到了控制，所以，按照这种脚本拍摄短视频的效率也比较高。

当然，如果拍摄的内容具有太多的不确定性，拍摄的思路无法控制，那么就不适合使用这种脚本了。

9.1.2 前期准备：确定整体内容思路

在编写脚本之前，短视频运营者还需要做好一些前期的准备，确定视频的整体内容思路。

具体来说，编写脚本需要做好的前期准备如下。

1．拍摄的内容

每个短视频都应该要有明确的主题，以及为主题服务的内容。而要明确短视频的内容，就需要在编写脚本时先将拍摄的内容确定下来，列入脚本中。

2．拍摄的时间

有时拍摄一条短视频涉及的人员可能比较多，此时，就需要通过拍摄时间的确定来确保短视频拍摄工作的正常进行。

另外，有的短视频内容可能对拍摄的时间有一定的要求，这类短视频的制作也需要在脚本编写时将拍摄的时间确定下来。

3．拍摄的地点

许多短视频对于拍摄地点有一定的要求，例如，是在室内拍摄，还是在室外拍摄？是在繁华的街道拍摄，还是在静谧的山林拍摄？这些因素都应该在编写短视频的脚本时确定下来。

4．使用的背景音乐

背景音乐是短视频内容的重要组成部分，如果背景音乐用得好，甚至可以成为短视频内容的点睛之笔。因此，在编写脚本时，应将脚本确定下来，选用适合短视频的背景音乐。

9.1.3　内容构架：梳理整个创作过程

短视频脚本的编写是一个系统工程，一个脚本从空白到完成整体构建，需要经过 3 个步骤，具体如下。

1．确定主题

确定主题是短视频脚本创作的第一步，也是关键性的一步。因为只有主题确定了，短视频运营者才能围绕主题策划脚本内容，并在此基础上将符合主题的重点内容针对性地展示给核心目标群。

2．构建框架

主题确定之后，接下来需要做的就是构建起一个相对完整的脚本框架。例如，可以从什么人，在什么时间、什么地点，做了什么事，造成了什么影响的角度，勾勒出短视频的大体框架。

3．完善细节

内容框架构建完成后，短视频运营者还需要在脚本中对一些重点的内容细节进行完善，让整个脚本内容更加具体化。

例如，从人的角度来说，短视频运营者在脚本编写的过程中，可以对短视频中将要出镜的人员的穿着、性格特征及特色化语言进行策划，让人物角色更加形象和立体化。

9.1.4　剧情策划：详细设定人物场景

剧情策划是脚本编写过程中需要重点把握的内容。在策划剧情的过程中，短视频运营者需要从两个方面做好详细的设定，即人物设定和场景设定。

1．人物设定

人物设定的关键就在于通过人物的台词、情绪的变化、性格的塑造等来构建一个立体化的形象，让用户看完短视频之后，就对短视频中的相关人物留下深刻的印象。

除此之外，成功的人物设定，还能让受众通过人物的表现，对人物面临的相关情况更加感同身受。

2．场景设定

场景的设定不仅能够对短视频内容起到渲染作用，还能让短视频的画面更有美感，更能吸引用户的关注。具体来说，短视频运营者在编写脚本时，可以根据短视频主题的需求，对场景进行具体的设定。

例如，运营者要制作宣传厨具的短视频，便可以在编写脚本时把场景设定在一个厨房中。

9.1.5 人物话语：设计视频旁白台词

在短视频中，人物对话主要包括短视频的旁白和人物的台词。短视频中人物的对话，不仅能够对剧情起到推动作用，还能显示出人物的性格特征。

例如，要打造一个勤俭持家的人物形象，可以在短视频中设计该人物在买菜时与菜店店主讨价还价的对话。

因此，短视频运营者在编写脚本时需要对人物对话多一分重视，一定要结合人物的形象来设计对话。有时为了让受众对视频中的人物留下深刻的印象，短视频运营者甚至需要为人物设计特色的口头禅。

9.1.6 脚本分镜：确定每个具体镜头

脚本分镜就是在编写脚本时将短视频内容分割为一个个具体的镜头，并针对具体的镜头策划内容。通常来说脚本分镜主要包括分镜头的拍法（包括景别和运镜方式）、镜头的时长、镜头的画面内容、旁白和背景音乐等。

脚本分镜，就是将短视频制作这个大项目分为一个个具体可实行的小项目（即一个个分镜头）。因此，在策划分镜头内容时，不仅要将镜头内容具体化，还要考虑到分镜头拍摄的可操作性。

9.2 设计故事性的短视频情节

相比一般的短视频，那些带有情节的故事类短视频往往更能吸引受众的目光，从而有兴趣看完整个视频。当然，绝大多数短视频的情节都是设计出来的，那么，如何通过设计，让短视频的情节更具有故事性、更能吸引短视频用户的目光呢？本节将介绍 5 种常用方法。

9.2.1　定位清晰：加强人设特征

在短视频账号的运营过程中，短视频运营者应该对短视频内容进行准确的定位，即确定该账号侧重于发布某方面的内容。内容定位完成后，可以根据定位打造相关的短视频内容，并通过短视频来加强人设的特征。

人设就是人物设定，简单的理解，就是给人物贴上一些特定的标签，让受众可以通过这些标签准确地把握人物的某些特征，进而让人物形象在用户心中留下深刻的印象。

例如，某抖音账号发布的一个短视频，基本内容如下：小偷偷钱包时被大妈看到了（大妈将其解释为小偷是太冷了，想要伸手去取暖），大妈就给他披上了一件大衣。小偷知道自己偷钱包的行为被大妈看到了，于是落荒而逃。过了一会，大妈又碰到小偷在偷钱包，便用各种看似"善意"的方式让小偷感受"温暖"。于是，小偷在被大妈看到了几次之后，一看见大妈就跑，而大妈就骑着电动车在后面追，还表示——这样跑着就不会冷了。

运营者在这个抖音账号中经常会发布一些短视频来加强大妈"乐于助人"（实质是用智慧应对现实中的不平之事）的形象，让受众用户牢牢记住了短视频中幽默、善良又充满智慧的大妈。很显然，其便是通过清晰的内容定位，来加强大妈的人设特征的。

9.2.2　写好段子：极尽搞笑之能

许多短视频用户之所以要刷短视频，就是希望从短视频中获得快乐。基于这一点，短视频运营者要写得了段子，通过幽默搞笑的短视频剧情，让用户从短视频中获得快乐。

例如，一个小孩在打篮球时，不小心把篮球卡在篮筐上了。看到小孩想要用自己的拖鞋把篮球打下来时，路过的一个男子主动上前帮忙，结果不仅没有把篮球打下来，还把小孩的鞋子都卡在了篮筐上。看到这种情况之后，该男子便想用自己的鞋子把篮球和小孩的鞋子打下来，谁知男子的鞋子也被卡在了篮筐上。

看完这个短视频之后，许多用户都会觉得这个短视频非常幽默、搞笑。因此，看完之后都不禁会心一笑，为短视频的剧情点赞。

9.2.3 耍好套路：设计"狗血剧情"

在短视频剧情的设计过程中，短视频运营者可以适当运用一些套路，更高效地制作短视频内容。短视频剧情设计的套路有很多，其中比较具有代表性的一种就是设计"狗血剧情"。

"狗血剧情"简单的理解就是被反复模仿翻拍、受众司空见惯的剧情。虽然这种剧情通常都有些烂大街了，但是，既然它能一直存在，就说明它还是能够为许多人接受的。而且有的"狗血剧情"在经过一定的设计之后，还会让人觉得别有一番风味。因此，在设计短视频情节时，加入"狗血剧情"的套路，有时对于短视频运营者来说也是一种不错的选择。

例如，一个女孩因为前男友回来了，自己对前男友还有感情，于是和视频中的男主角提出了分手。就在女孩和前男友离开之后，男主收到了一个快递。原来他买了一个戒指，想要和女孩结婚，却没想到还没等到用戒指求婚，女孩就离开了。

像这种女孩没有忘记前男友，跟前男友破镜重圆，而现男友还来不及表达一辈子在一起的意愿，女孩就跟着前男友离开了的剧情，应该算得上"狗血剧情"了。

但这条视频却吸引了许多短视频用户的关注，由此便不难看出，这种设计"狗血剧情"的短视频依然是有一定市场的。

9.2.4 谈论实事：结合热点资讯

为什么许多人都喜欢看各种新闻资讯？这并不一定是因为看新闻非常有趣，而是因为大家能够从新闻中获取时事信息。

基于这一点，短视频运营者在制作短视频的过程中，可以适当加入一些网络热点资讯，让短视频内容满足短视频用户获取时事信息的需求，增加短视频的实时性。

例如，中央一号文件对天价彩礼进行了痛批，一时之间关于天价彩礼的问题成为网络的热点。正是因为如此，许多短视频运营者结合该网络热点资讯设计了短视频剧情。

这种结合网络热点资讯打造的短视频内容，推出之后就能迅速获得短视频用户的关注。这主要是因为一方面用户需要获得有关的热点资讯，另一方面如果这些热点资讯有相关性，那么用户在看到与其相关的短视频时，也会更有点击查看的兴趣。

9.2.5　扯扯花边：做好娱乐新闻

娱乐性小新闻，特别是关于明星、名人的花边消息，一经发布往往就能快速吸引许多人的关注。这一点很好理解，毕竟明星和名人都属于公众人物，他们往往都会想要安静过好自己的个人生活，而不想让自己的花边消息被大众看到。但也正是因为无法轻易看到，所以，一旦某位明星或名人的花边消息被爆料出来了，就能快速吸引许多人的目光。

基于这一点，短视频运营者在制作短视频的过程中，可以适当结合明星和名人的花边消息打造短视频剧情，甚至可以直接制作一个完整的短视频对该花边消息的相关内容进行具体的解读。

用户之所以会对明星和名人的花边消息比较感兴趣，主要是因为受到窥探心理的影响。

9.3　故事情节要抓住用户心理

短视频运营者要想让自己的短视频吸引用户的目光，就要知道用户想的是什么，只有抓住用户的心理，才能增加短视频的浏览量。本节总结出了用户的 8 种短视频用户心理，帮助运营者通过满足用户的特定需求来提高短视频的吸引力。

9.3.1　设下悬念：满足用户的猎奇心理

一般来说，大部分人对那些未知的、刺激的东西都会有一种想要去探索、了解的欲望。所以，短视频运营者在制作短视频的时候，就可以抓住用户的这一特点，让短视频内容充满神秘感，满足用户的猎奇心理，这样就能够获得更多用户的关注。关注的人越多，短视频被转发的次数就会越多。

这种能满足用户猎奇心的短视频文案的标题，通常都带有一点神秘感，让人觉得看了短视频之后就可以了解事情的真相。例如，"入职网红公司是种什么体验？""这样的邻居你们碰到过吗？"

能够满足用户猎奇心理的短视频文案标题中常常会设下悬念，用以引起用户的注意和兴趣。或者短视频文案标题中出现的东西都是用户在日常生活中没见到过、没听说过的新奇事物，只有这样，才会让用户在看到短视频的标题之后，想要去查看短视频的内容。

　　像这种具有猎奇性的短视频其本身并不一定就很稀奇，而是在短视频制作的时候，抓住用户喜欢的视角或者是用户好奇性比较大的视角来展开，这样策划的短视频，用户在看到之后才会有想要查看短视频的具体内容的欲望和想法。

9.3.2　传授知识：满足用户的学习心理

　　有一部分人在浏览网页、手机上的各种新闻、文章时，抱有可以通过浏览这些内容来学到一些有价值的东西，扩充自己的知识面，增加自己的技能等目的。因此，短视频运营者在制作短视频的时候，就可以将这一因素考虑进去，让自己制作的短视频内容给用户一种能够满足学习心理需求的感觉。

　　能满足用户学习心理的短视频，在标题上就可以看出内容所蕴藏的价值，相关案例如图 9-1 所示。

　　用户平时在刷短视频内容时并不是没有目的性的，他们在刷短视频的时候往往是想要获得点什么的。而这类"学习型"的短视频，就很好地为短视频用户考虑到了这样一点。

　　封面标题里面就体现出来的这个短视频文案的学习价值，这样一来，当用户在看到这样的文案标题时，就会抱着"能够学到一定知识或是技巧"的心态来点击查看短视频内容。

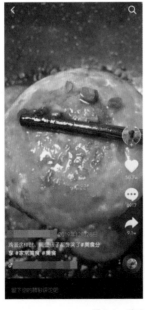

图 9-1　满足用户学习心理的短视频文案

9.3.3 情感促动：满足用户的感动心理

大部分人都是感性的、容易被情感所左右的，这种感性不仅仅体现在真实的生活中，还体现在他们在看短视频时也会倾注自己的感情。这也是很多人在看见有趣的短视频会捧腹大笑、看见感人的短视频会心生怜悯甚至不由自主落下泪水的一个原因。

一个成功的短视频文案，应该能满足用户的感动心理需求，打动用户，引起用户的共鸣。

短视频文案要想激发短视频用户的"感动"心理，要做到精心选择那些容易打动短视频用户的话题或者是内容。

所谓能够感动用户，就是对用户进行心灵情感上面的疏导或排解，从而达到让读者产生共鸣的效果。

用户之所以会对一个东西很感动，往往是在这个东西身上看到了世界上美好的一面，或者是看到了自己的影子。人的情绪是很容易被调动的，喜、怒、哀、悲等情绪是人最基本，也是最容易被调动的情绪。只要短视频的制作是从人的内心情感或是从内心情绪出发，那么，制作出的短视频就很容易调动用户的情绪，从而激发用户查看短视频内容的兴趣。

9.3.4 趣味幽默：满足用户的消遣心理

如今，大部分人有事没事都会掏出自己的手机看看，刷刷短视频，逛逛淘宝，浏览微信朋友圈，以满足自己的消遣心理。

一部分人会点开短视频平台上各种各样的短视频，都是出于无聊、消磨闲暇时光、给自己找点娱乐的目的。那些以传播搞笑、幽默内容为目的的短视频会比较容易满足短视频用户的消遣心理需求。

例如，主角明明是一个小孩，但是，这个小孩却像一个对针线活十分娴熟的老太太一样，认真地在纳鞋垫。这一举动与孩子的年纪有很大的违和感，但孩子却做得有模有样。因此，许多人看后不禁会心一笑，这个短视频就很好地满足了用户的消遣心理。

人们在繁杂的工作或者是琐碎的生活当中，需要找到一点能够放松自己和调节自己情绪的东西，这时就需要找一些所谓的"消遣"了。那能够使人们从生活和工作中暂时跳脱出来的娱乐搞笑的短视频，大都能够让人们会心一笑，使人们的心情变得好一些。

短视频运营者在制作短视频文案时，要从标题上就能让受众觉得很轻松，让用户看到标题的趣味性和幽默性。所以，一般这样的标题都带有一定的搞笑成分，或者是轻松娱乐的成分，只有这样的短视频文案才会让用户看完后心情变好。

9.3.5 追忆往事：满足用户的怀旧心理

随着"80后""90后"逐渐成为社会的栋梁，这批人也开始产生了怀旧情结，对于以往的岁月都会去追忆一下。看见了童年的一个玩具娃娃、吃过的食品都会忍不住感叹一下，发出"仿佛看到了自己的过去！"的感言。

人们普遍喜欢怀旧是有原因的，小时候无忧无虑、天真快乐，而长大之后就会面临各种各样的问题，也要面对许许多多复杂的人，每当人们遇到一些糟心的事情时，就会想起小时候的简单纯粹。人们喜欢怀旧还有另外一个原因，那就是时光。所谓"时光一去不复返"，对于已经过去了的时光，人们都显得格外想念，所以也就开始怀旧了。

几乎所有人怀旧的对象都是自己小的时候，小时候的朋友、亲人、吃喝玩乐一系列都很想念，这也就导致了"怀旧风"的袭来。很多短视频运营者制作了许多"怀旧"的短视频。不管是对短视频运营者，还是对于广大用户来说，这些怀旧的短视频都是一个很好的追寻过去的媒介。

人们对于那些追忆过往的短视频会禁不住想要点开去看一眼，看看能不能找到自己童年的影子。所以，短视频运营者可以制作一些能引起人们追忆往昔情怀的短视频内容，满足用户的怀旧心理需求。

能满足用户怀旧心理需求的短视频内容，通常都会展示一些关于童年的回忆，如展示童年玩过的一些游戏，如图9-2所示。

图 9-2　满足用户追忆心理的短视频示例

图 9-2 所示的示例就是能满足用户追忆心理的短视频内容案例，在这些案例中，都使用过去的事或物来引发用户内心"过去的回忆"。越是在怀旧的时候，人们越是想要看看过去的事物，短视频运营者抓住了用户的这一心理，进而吸引用户查看短视频内容。

9.3.6　利益相关：满足用户的私心心理

人们总是会对与自己有关的事情上心，对关系到自己利益的消息多一些注意，这是很正常的一种行为。满足用户的私心心理需求其实就是指的满足用户关注与自己相关事情的行为。

短视频运营者在制作短视频内容时就可以抓住人们的这一需求，通过打造与用户相关的短视频内容，来吸引用户的关注。

但需要注意的是，如果想要通过这种方式吸引用户，那么短视频中的内容就要是真正与用户的实际利益有关的，不能一点实际价值都没有。

如果每次借用读者的私心心理需求来引起用户的兴趣，可实际却没有满足用户的需求，那么时间长了，用户就会对种短视频"免疫"。久而久之，用户不仅不会再看类似的短视频，甚至还会对这类短视频产生反感，拉黑或者投诉此类内容。

图 9-3 所示就是能满足用户私心心理需求的短视频示例，它能引起用户的兴趣，从而提高用户的点击查看意愿。

图 9-3　满足用户私心心理的短视频文案

从上面这些案例中可以很清楚地看到，凡是涉及用户自身利益的事情，用户就会很在意。

这也是这类短视频文案在吸引用户关注上屡试不爽的原因。同时也告诉短视频运营者，在制作短视频文案时，要抓住用户的"私心"心理，在文案的标题上就要将他们的目光吸引过来。

9.3.7　曝光秘密：满足用户的窥探心理

人们有时候很矛盾，不想让自己的秘密、隐私被人知晓，但是又会有窥探他人或者其他事物的秘密的欲望。因此，短视频运营者在制作短视频文案时，可以适当地利用人们的这种窥探秘密的欲望，制作出能够满足用户窥探心理需求的短视频内容，从而吸引更多用户点击查看短视频。

能够满足用户窥探心理的短视频文案的标题，通常都会让人产生一定的联想，继而引导用户去查看短视频内容，以便查探真相。

9.3.8　情感传递：满足用户的求抚慰心理

在这个车水马龙、物欲横流的社会，大部分人都为了自己的生活在努力奋斗着，漂泊在异乡，他们与身边人的感情也都是淡淡的，生活中、工作上遇见的糟心事也无处诉说。渐渐地，很多人养成了从短视频中寻求关注与安慰的习惯。

短视频是一个能包含很多东西的载体，它有其自身的很多特点，如无须花费太多金钱，也无须花费过多脑力，是一种很"平价"的东西。因为短视频中所包含的情绪大都能够包含众多人的普遍情况，所以，用户在遇到心灵情感上的问题时，更愿意去刷短视频来舒缓压力或是情绪。

现在很多点击量高的情感类短视频就是抓住了受众的这一心理，通过能够感动用户的内容来提高短视频的热度。许多用户想要在短视频中寻求一定的心灵抚慰，从而更好地投入到生活、学习和工作中。

当受众看见那些传递温暖的短视频、含有关怀意蕴的短视频时，自身也会产生有一种被温暖、被照顾、被关心的感觉。

因此，在制作短视频文案时，可多用一些能够温暖人心、给人关注与关怀的内容，满足用户的求抚慰需求。能够满足用户求抚慰需求的短视频，必须是真正发自肺腑的情感传递。最好短视频内容也充满关怀，这样才能让用户不会感觉被欺骗了。

学前提示：
打造一条爆款短视频需要做好两个方面的工作，一是标题的制作，二是文案的创作。
本章就从标题的制作和文案的创作这两个角度切入，帮助广大短视频运营者更好地打造出爆款视频内容。

第10章

文案制作：快速提高视频的吸睛能力

要点展示：
- ⊙ 掌握标题制作的方法
- ⊙ 标题制作的主要误区
- ⊙ 了解文案创作的要点

10.1 掌握标题制作的方法

在短视频的打造过程中，标题制作的重要性不言而喻，正如曾经流传的一句话所言："标题决定了 80% 的流量"。虽然其来源和准确性不可考，但由其流传之广就可知，其中涉及的关于标题重要性的话题是值得重视的。

本节重点介绍标题制作过程中必须掌握的 12 种方法。

10.1.1 福利传达：主动抛出诱饵

福利传达是指在标题上抛出诱饵，向用户传递一种"查看这个视频你就赚到了"的感觉，让用户自然而然地想要看完视频。福利传达型标题的表达方法有两种，一种是比较直接的方法，另一种是间接的表达方法，虽然方法不同，但是效果都相差无几，具体如图 10-1 所示。

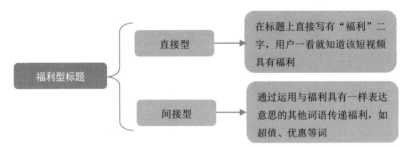

图 10-1　福利型标题的表达方法

这两种类型的福利型标题虽然稍有区别，但本质上都是通过"福利"来吸引受众的眼球，从而提高短视频的关注度。

值得注意的是，在撰写福利传达型标题时，无论是直接型，还是间接型，都应该掌握 3 点技巧，如图 10-2 所示。

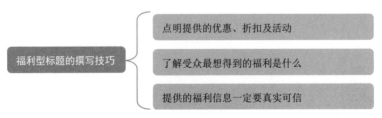

图 10-2　福利型标题的撰写技巧

福利传达型的标题通常会给受众带来一种惊喜之感，试想，如果视频标题中或明或暗地指出含有福利，你难道不会心动吗？福利传达型标题既可以吸引短视频用户的注意力，又可以为短视频用户带来实际利益，可谓是一举两得。当然，在撰写福利传达型标题时也要注意，不要因为侧重福利而偏离了主题，而且最好不要使用太长的标题，以免影响视频的传播效果。

10.1.2　价值呈现：传授相关经验

价值呈现型标题是指向用户传递一种只要查看了视频之后就可以掌握某些技巧或者知识的信号。这种类型的标题之所以能够引起短视频用户的注意，是因为抓住了人们想要从视频中获取实际利益的心理。

在打造价值呈现型标题的过程中，往往会遇到一些问题，如"什么样的技巧才算有价值？""价值呈现型的标题应该具备哪些要素？"等。那么，价值呈现型的标题到底应该如何撰写呢？笔者将其经验技巧总结为 3 点，如图 10-3 所示。

图 10-3　撰写价值呈现型标题的技巧

值得注意的是，在撰写价值呈现型标题时，最好不要提供虚假的信息。价值呈现型标题虽然需要添加夸张的成分，但要把握好度，要有底线和原则。

价值呈现型标题通常会出现在技术类的短视频之中，主要是为受众提供实际好用的知识和技巧。用户看见这种价值呈现型标题时，会更加有动力去查看视频的内容，因为这种类型的标题会给人一种学习这个技能很简单，不用花费过多的时间和精力就能掌握的印象。

10.1.3　激励人心：鼓舞用户情绪

激励人心型标题最为显著的特点就是通过"现身说法"来鼓舞用户的情绪，它一般是通过第一人称的角度来讲故事。故事的内容包罗万象，但总的来说离不开成功的方法、教训及经验等。

如今很多人都想致富，却苦于没有致富的定位，如果这时给他们看励志型短视频，让他们知道企业是怎样打破枷锁，走上人生巅峰的，他们就很有可能对带有这类标题的内容感到好奇，因此这样的标题结构就会具有独特的吸引力。激励人心型标题模板主要有两种，如图 10-4 所示。

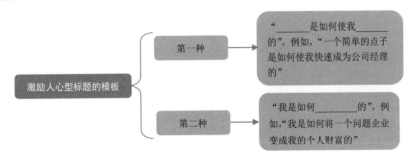

图 10-4　激励人心型标题的模板

激励人心型标题的好处在于煽动性强，容易制造一种鼓舞人心的感觉，勾起用户的欲望，从而提升短视频的播放量。

那么，打造激励人心型标题是不是单单依靠模板就好了呢？答案是否定的，在实际的操作中，还要根据内容的不同而研究特定的标题。有 3 种经验技巧可供借鉴，如图 10-5 所示。

图 10-5　打造励志型标题可借鉴的经验技巧

激励人心型标题一方面是利用用户想要获得成功的心理，另一方面则是巧妙掌握了情感共鸣的精髓，通过带有励志色彩的字眼来引起用户的情感共鸣，从而成功吸引用户的眼球。

10.1.4 心灵冲击：带来视觉刺激

不少人认为："力量决定一切"。这句话虽带有太绝对化的主观意识，但还是有着一定的道理的。

其中，冲击力作为力量范畴中的一员，在短视频标题撰写中有它独有的价值和魅力。所谓"冲击力"，即带给人在视觉和心灵上触动的力量，也是引起用户关注的原因所在。

在具有冲击力的标题撰写中，要善于利用"第一次"和"比……还重要"等类似的较具有极端性特点的词汇。因为用户往往比较关注那些具有特别突出特点的事物，这些词往往能带给受众强大的戏剧冲击感和视觉刺激感。

10.1.5　揭露真相：满足用户好奇

揭露真相型标题是指为用户揭露某件事物不为人知的秘密的一种标题。大部分人都会有一种好奇心和八卦心理，而这种标题则恰好可以抓住用户的这种心理，从而给用户传递一种莫名的兴奋感，充分引起用户的兴趣。

短视频运营者可以利用揭露真相型标题做一个长期的专题，从而达到一段时间内或者长期凝聚用户的目的。而且这种类型的标题比较容易打造，只需把握 3 个要点即可，如图 10-6 所示。

图 10-6　打造揭露真相型标题的要点

揭露真相型标题其实和建议型标题有不少相同点，因为都提供了具有价值的信息，能够为用户带来实际的利益。当然，所有的标题形式实际上都是一样的，都带有自己的价值和特色，否则也无法吸引用户的注意，更别提为短视频的点击率和完播率做出贡献了。

10.1.6　设置悬念：引发查看兴趣

好奇是人的天性，设置悬念型标题就是利用人的好奇心来打造的。它从一开始就抓住了用户的眼球，所以，用户自然会更有查看视频内容的兴趣。

标题中的悬念是一个诱饵，它可以起到引导用户查看视频内容的作用。因为大部分人看到标题里有没被解答的疑问和悬念，就会忍不住进一步弄清楚到底怎么回事。

设置悬念型标题在日常生活中运用得非常广泛，也非常受欢迎。人们在看电视、综艺节目的时候也会经常看到一些节目预告之类的广告，这些广告就会采取这种悬念型的标题引起观众的兴趣。

笔者总结了 4 种撰写悬念标题的方法，如图 10-7 所示。

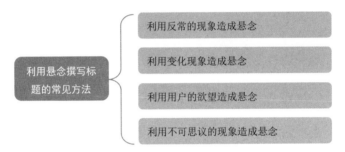

图 10-7　利用悬念撰写标题的常见方法

设置悬念型标题的主要目的是增加视频的可看性，因此短视频运营者需要注意的一点是，使用这种类型的标题，一定要确保视频内容确实是能够让用户感到惊奇、充满悬念的。不然就会引起用户的失望与不满，继而就会让用户感觉你的账号有欺骗性，影响账号在用户心中的美誉度。

如果设置悬念标题仅仅是为了留下悬念，一般只能够博取大众 1 ～ 3 次眼球，很难保留长时间的引流效果。如果短视频文案内容太无趣、无法达到引流的目的，那就是一篇失败的短视频文案，会导致短视频营销活动也随之泡汤。

因此，在设置悬疑型标题时，需要非常慎重，最好是有较强的逻辑性，切忌为了标题"走钢索"，而忽略了短视频文案营销的目的和其本身的质量。

10.1.7　借势热门：吸引用户眼光

借势热门是一种常用的标题制作手法。借势型标题是指在标题上借助社会上一些时事热点、新闻的相关词汇来给视频造势，提加点击量。

借势一般都是借助最新的热门事件吸引用户的眼球。一般来说，时事热点拥有一大批关注者，而且传播的范围也会非常广，结合这些热点制作视频就可以让用户搜索到该视频，从而吸引用户查看短视频的内容。

那么，在创作借势热门型标题时，应该掌握哪些技巧呢？笔者认为可以从 3 个方面来努力，如图 10-8 所示。

图 10-8　打造借势热点型标题的技巧

　　值得注意的是，在打造借势热点型标题时，要注意两个问题：一是带有负面影响的热点不要蹭，大方向要积极向上，充满正能量，带给用户正确的思想引导；二是最好在借势型标题加入自己的想法和创意，做到借势和创意的完美同步。

10.1.8　强烈警示：给予心理暗示

　　强烈警示型标题常常通过发人深省的内容和严肃深沉的语调给用户以强烈的心理暗示，从而给用户留下深刻印象。尤其是强烈警示型的新闻标题，常常被短视频运营者所追捧和模仿。它通常会将 3 种内容移植到短视频标题中，如图 10-9 所示。

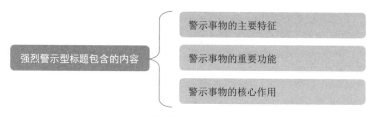

图 10-9　强烈警示型标题包含的内容

　　那么，强烈警示型标题应该如何构思和打造呢？很多人只知道强烈警示型标题能够起到比较显著的影响，容易夺人眼球，但具体如何撰写却是一头雾水。笔者在总结了 3 点关于打造强烈警示型标题的技巧，如图 10-10 所示。

图 10-10　打造强烈警示型标题的技巧

这种标题形式如果运用得恰当，则能加分，起到其他标题无法替代的作用。如果运用不当的话，很容易让用户产生反感情绪或引起一些不必要的麻烦。

因此，短视频运营者在使用强烈警示型新闻标题时要小心谨慎，注意用词恰当与否。强烈警示型标题可以应用的场景很多，无论是技巧类的短视频内容，还是供大众娱乐消遣的娱乐八卦新闻，都可以用这种类型的标题形式。

10.1.9　紧急迫切：营造紧张氛围

紧急迫切型标题是一种包含催促用户赶快查看短视频的意味的标题类型，它能够给用户传递一种紧迫感。那么，紧急迫切的这类标题具体应该如何打造呢？

笔者将其相关技巧总结为 3 点，如图 10-11 所示。

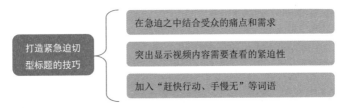

图 10-11　打造紧急迫切型标题的技巧

10.1.10　观点表达：说出自身想法

观点表达型标题，是以表达观点为核心的一种标题撰写形式，一般会在标题上精准到人，并且把人名镶嵌在标题之中。

观点型标题比较常见，使用的范围广泛，常用公式有 5 种，如图 10-12 所示。

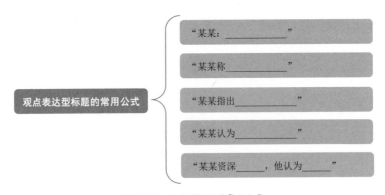

图 10-12　观点型标题的常用公式

当然，公式是一个比较刻板的东西，只能说它可以为我们提供大致的方向。那么，在撰写观点表达型标题时，有哪些经验技巧可以借鉴呢？笔者将其总结为 3 点，如图 10-13 所示。

图 10-13　观点型标题的撰写技巧

观点型标题的好处在于一目了然，"人物 + 观点"的形式往往能在第一时间引起用户的注意，特别是当人物的名气比较大时，能够有效地提高视频的点击率。

10.1.11　独家分享：展示稀有资源

独家分享型标题，也就是从标题上体现短视频运营者所提供的信息是独有的珍贵资源，给用户一种视频值得被点击查看和转发的感觉。从用户的心理方面而言，独家分享型标题所代表的内容一般会给人一种自己率先获知、别人所没有的感觉，因而在心理上更容易获得满足。好为人师和想要炫耀的心理就会驱使用户自然而然地去转发短视频，成为短视频潜在的传播源和发散地。

独家型标题会给受众带来独一无二的荣誉感，同时还会使得短视频内容更加具有吸引力，那么，在撰写这样的标题时，我们应该怎么做呢？是直接点明"独家资源，走过路过不要错过"，还是运用其他的方法来暗示用户这则短视频的内容是与众不同的呢？

在这里，笔者提供 3 点技巧，帮助大家成功打造出夺人眼球的独家分享型标题，如图 10-14 所示。

图 10-14　打造独家型标题的技巧

独家性的标题往往也暗示着短视频内容的珍贵性，因此运营者需要注意，如果标题使用的是带有独家性质的形式，就必须保证视频的内容也是独一无二的。独家性的标题要与独家性的内容相结合，否则会给短视频用户造成不好的印象，从而影响后续短视频的点击量。

10.1.12 数字说明：量化具化信息

数字说明型标题是指在标题中呈现出具体的数字，通过数字的形式来概括相关的主题内容。数字不同于一般的文字，它会带给短视频用户比较深刻的印象，与用户的心灵产生奇妙的碰撞，从而很好地吸引用户的好奇心。

在视频中采用数字说明型标题有不少好处，这主要体现在 3 个方面，如图 10-15 所示。

图 10-15　数字说明型标题的好处

值得注意的是，数字说明型标题也很容易打造，因为它是一种概括性的标题，只要做到 3 点就可以撰写出来，如图 10-16 所示。

图 10-16　撰写数字型标题的技巧

10.2　标题制作的主要误区

在撰写标题时，短视频运营者还要注意不要走入误区，一旦标题失误，便会对短视频的数据造成不可小觑的影响。本节将从标题容易出现的 4 大误区出发，介绍如何更好地打造优质的短视频标题。

10.2.1　表述含糊：语言表达不清

在撰写标题时，要注意避免为了追求标题的新奇性而出现表述含糊的现象。很多短视频运营者会为了使自己的短视频标题更加吸引用户的目光，一味地追求标题上的新奇，这可能会导致标题的语言含糊其词，让人感觉模棱两可。

在标题上表述"含糊"，如果只看标题，那么用户完全不知道运营者想要说的是什么。这样的标题会让用户觉得整个标题都很乱，完全没有重点。

因此，在撰写标题时，短视频运营者尤其要注意标题表达的清晰性，重点要明确，要让用户在看到标题的时候，就能知道视频内容大致讲的是什么。

10.2.2　自夸自雷：故意欺骗误导

短视频运营者在撰写标题的时候要注意，虽说要用到文学中的一些手法，如夸张和比喻等，但这并不代表就能毫无上限地自夸自雷，把原本没有的说成有，把虚假的事说成真实的。

在没有准确数据和调查结果的情况下冒充"第一"，这在标题的撰写当中是不可取的。短视频运营者在撰写标题时，要结合自身内容的实际情况，来进行适当的艺术上的描写，而不能随意胡编乱造。

如果想要使用"第一"或者意思与之差不多的词汇，不仅要得到有关部门的允许，还要有真实的数据调查。如果随意使用"第一"，不仅对自身品牌形象有不好的影响，还会对用户造成欺骗和误导。

10.2.3　比喻不当：强行增加联系

比喻式的短视频标题能将某事物变得更为具体和生动，具有化抽象为具体的强大功能。所以，采用比喻的形式撰写标题，可以让用户更加清楚地理解标题当中出现的内容，或者是更好地理解短视频运营者想要表达的思想和情绪。这对于提高短视频的相关数据也能起到十分积极的作用。

但是，在标题中运用比喻，也要十分注意比喻是否得当的问题。一些短视频运营者在追求用比喻式的短视频标题来吸引用户目光的时候，常常会出现比喻不当，强加联系的情况，也就是指本体和喻体没有太大联系，甚至毫无相关性。

在标题之中，一旦比喻不当，短视频运营者就很难达到自己想要的效果，那么标题也就失去了它存在的意义。这样的标题不仅不能被用户接受和喜爱，还可能会因为比喻不当，让用户产生怀疑和困惑，从而影响短视频的传播效果。

10.2.4　强行灌输：强加自身想法

在撰写标题时，强行灌输就是指短视频运营者将本身或者某一品牌的想法和概念植入到标题之中，强行灌输给用户，给用户一种气势凌人的感觉。

当一个标题太过气势凌人时，用户不仅不会接受该标题所表达的想法，还会产生抵触心理。如此循环往复，最后受损失的还是短视频运营者自己，或者是某品牌自身。

10.3　了解文案创作的要点

短视频文案是制作短视频中较为重要的一个环节，从其作用来看，优秀的短视频文案能够与观众建立情感链接，引发共鸣，能够给短视频运营者带来流量。本节将从 6 个方面介绍短视频文案创作的要点。

10.3.1　内容构成：紧密结合文字和视频

在短视频文案的编写中，一般都会包含文字和视频画面，二者的形式虽然不同，但是服务于同一个主题的。因此，在撰写短视频文案内容时，必须让文字和视频画面紧密结合起来。下面针对短视频文案的两个组成部分进行简单分析。

1. 文字

短视频中的文字是对短视频文案主题的体现，在内容上往往也是推广的诉求重点，针对标题的相关分析如图 10-17 所示。

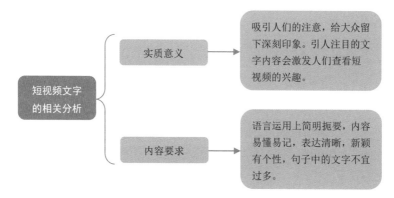

图 10-17 短视频文字的相关分析

2．视频内容

对于任何行业而言，要想打败竞争对手，获得目标用户的认同，就不能没有品牌宣传和推广，而短视频文案的视频内容就是宣传推广中最为直接有效的部分，其具体分析如图 10-18 所示。

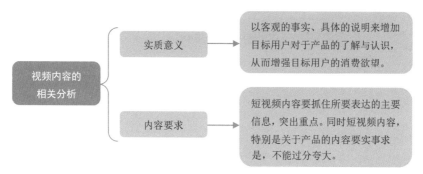

图 10-18 视频内容的相关分析

10.3.2 文案种类：3 类常见短视频文案

从文案营销作用的角度来分类，常见的短视频文案种类包括以下 3 类。

1．推广类文案

短视频文案在推广优化上的威力是不同凡响的，一个好的短视频文案，不仅能起到不错的宣传推广作用，而且能通过一传十，十传百的传播，为商家带来较为可观的客流量。

2. 公众类文案

公众类短视频文案就是有助于企业或机构处理好内外公关关系及向公众传达企业各类信息的文案。公众类文案可以分为公关文案与新闻文案。公关文案就是关于企业或机构组织有助于塑造良好组织形象，培养良好公众关系的新近事实的报道。这也是公众性文案的目的所在。

有的企业就是通过公众类短视频文案来处理公众关系，一旦企业发生口碑危机，就在第一时间通过短视频来进行公关，维护企业的良好形象，避免对企业或品牌口碑造成负面影响。

3. 品牌力文案

品牌力短视频文案指有助于品牌建设，累积品牌资产的文案。品牌力文案一般由企业主导，可以自己撰写，也可以找人写，撰写的角度多半有利于提升品牌知名度、联想度、美誉度及忠诚度。

在笔者看来，品牌力离不开故事推广，甚至故事推广决定了品牌力。一个广告的好坏取决于文案的内容，一个品牌的传播离不开它的品牌价值，而讲故事又是传达品牌价值的一种重要方式。因此，在短视频文案创作的过程中，创作者要通过短视频故事去传播品牌、传承品牌价值，从而创造传奇品牌。

10.3.3 价值体现：提高关注度和影响力

在现代商业竞争中，精彩的短视频文案往往能够让一个企业在众多的同类型公司中脱颖而出。短视频文案是竞争的利器，更是企业的核心和灵魂所在。

对于企业而言，一个优质的短视频文案可以促进品牌推广，提高人气和影响力，进而提升企业声誉，帮助企业获得更多的用户。短视频文案的作用是十分广泛的，尤其是在广告业蓬勃发展的商业社会中。

短视频文案在网络营销推广中之所以起着举足轻重的作用，主要是因为一个好的短视频文案能为企业的店铺带来大量的流量，如果将这种流量加以转化，就可以变成一种较大的商业价值。

在众多的网络推广方式中，短视频文案以可看性强、流通性广、效果持久等特点广受追捧。至于短视频文案具体有什么样的作用，笔者认为主要包括以下3点。

1．提高关注度

同一时间段发布大量短视频文案，可以很快地使得推广的产品或内容获得广泛的关注。这一点对于品牌新产品的宣传推广来说特别重要，正是因为如此，许多企业在新产品推出之后，都会通过对应的短视频文案来进行宣传推广。

2．增强信任感

通过短视频平台进行营销，最主要的一个问题就是用户对于短视频运营者的信誉会有所怀疑。因此，短视频运营者在短视频文案的创作过程中，可以宣传自己公司的形象、专业的领域，尤其是提供敏锐的洞察力，去解决用户的实际问题，从而增强用户对短视频运营者的信任感。

如果短视频文案的内容与用户切身相关，并能为用户提供有建设性的帮助和建议，那么短视频文案就能更好地说服用户，让用户对短视频运营者多一份信任感。

3．传播价值观

短视频文案不同于广告，这主要是因为短视频文案很大程度上带有个人的分析在里面，而不只是将内容广而告之，这就属于自己的价值观的一种表达。在短视频文案中不仅可以表达自己的观点，而且可以宣传产品，引导用户消费。如果短视频中的内容获得了用户的认同，还可以吸引相同观点的朋友共同讨论进步。

10.3.4　基本素质：善于沟通和相互协作

对于品牌推广而言，对内对外的宣传都是极为重要的。专业的文案创作者对于品牌推广的作用和影响是十分明显的。

短视频文案创作者主要分为 3 类：公司的雇员、自由撰稿人士和内容创业者。不管是哪类短视频文案创作者，都需要具备相关的基本素质。除了必备的工作素养之外，短视频文案创作者还应该有很强的沟通和协调能力，因为在日常工作中还需要与摄影师和运营人员沟通，通过相互协作来完成工作。

1．文案创作者的基本能力

短视频文案涉及的领域有很多，不同的职位所需要的文案人员的能力不尽相同。通常来说，在职位招聘中，对短视频文案人员的能力要求主要集中于 4 个方面，相关的信息分析如图 10-19 所示。

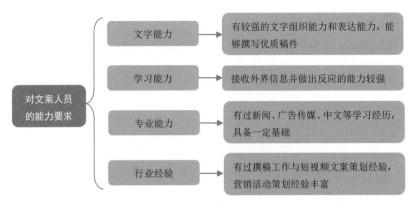

图 10-19　对文案人员的能力要求

2．与相关人员做好沟通协作

短视频文案创作的工作内容并不是独立存在的，在文案创作中，摄影师和文案编辑人员及运营人员是需要充分沟通、相互配合的。

为了让短视频文案的项目成果得到落实，三者在沟通时就要注意 4 个方面的内容，如图 10-20 所示。

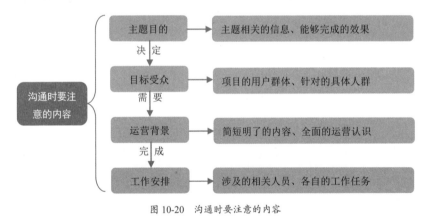

图 10-20　沟通时要注意的内容

10.3.5　核心要点：挖掘痛点与体现价值

如何把握文案创作的核心，快速打造吸睛的短视频文案呢？下面从 3 个方面进行探讨。

1. 挖掘用户的痛点

企业要想让自己的短视频文案成功吸引用户的注意力，就需要将短视频文案变得有魔力，这种魔力可以从"痛点"中获取。"痛点"是什么？所谓"痛点"，是指用户在正常的生活当中所遇到的问题、纠结和抱怨。如果这个事情不能得到解决，那么用户就会浑身不自在，甚至会感到痛苦。

如果文案创作者能够将用户存在的"痛点"体现在短视频文案中，并且给予解决方法，那么这样一个短视频文案，就会快速引起一部分用户的注意力。

总之，以这个"痛点"为核心，找到解决"痛点"的方法，并且将方法和企业产品联系在一起，最后巧妙地融入文案的主题中，明确传递给受众一种思想，帮助他们找到解决问题的方案。

2. 拉近与用户的距离

撰写一个优秀短视频文案的第一步，就是寻找用户感兴趣的话题。对此，短视频运营者可以搜索相关的资料并进行整理，产出用户感兴趣的内容，消除与用户之间的陌生感，从而取得用户的信任。

我们要记住一点，短视频文案的受众是广大用户，这是文案创作的基本前提和要素。不同类型的用户对文案的需求也是不一样。那么在创作文案时，到底应该怎么把用户放在第一位呢？

笔者认为主要有 3 点技巧，即根据对象设定文案风格、根据职业使用相关的专业语言及根据需求打造不同走向的短视频内容。掌握了这些技巧，就能够拉近与用户之间的距离，为文案创造更好的传播效应。

3. 体现文案的价值性

一个优秀的短视频文案，必定会具备一定的价值。一般而言，优秀的文案除了要提及需要宣传的内容外，还要充分体现新闻价值、学习价值、娱乐价值及实用价值，具体内容如图 10-21 所示。

提供实用知识和技巧的短视频文案往往能够得到短视频用户的青睐，虽然文案的价值不仅局限于实用技巧的展示，但从最为直接和实际的角度来看，能够提供行之有效、解决问题的方法和窍门是广大短视频用户都乐意接受的。这也是文案需要具备价值的原因之一。

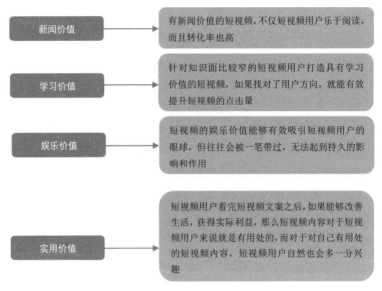

图 10-21　优秀短视频文案的 4 个价值

10.3.6　优化文案：让短视频文案更吸睛

如何让短视频文案更加精美、内容更加吸引眼球？下面将从如何描绘使用场景、如何紧跟时事热点、如何正确使用网络用语及如何写出短小精悍的短视频文案这 4 个方面进行讲述。

1. 展示使用场景

短视频文案并不只是简单地用画面堆砌成一个短视频就万事大吉了，而是需要让用户在查看短视频内容时，能看到一个与生活息息相关的场景，从而产生身临其境的感觉。如此一来，短视频文案才能更好地勾起用户继续查看短视频内容的兴趣。

一般来说，文案创作者在创作文案时，有两种打造短视频文案场景的方法，一种是特写式，另一种是鸟瞰式，如图 10-22 所示。

图 10-22　打造短视频场景的方法

2．紧跟时事热点

所谓"时事热点"，即可以引起众人重点关注的中心事件或信息等，紧跟热点的文案可以增加点击量。值得注意的是，大部分人群都对热门的事物感兴趣，因此热点一般都会吸引大多数人的眼球。

由于短视频平台具有即时性的特点，因而使得时事热点的传播有了可能。特别是抖音和快手等短视频平台，作为重要的社交平台，这些短视频平台上都拥有数量庞大的用户。因此，在这些短视频平台上，打造紧抓时事热点的短视频文案，利用短视频平台进行传播，有利于实现短视频文案内容的快速传播。

那么，打造文案时要如何牢牢抓住热点呢？文案又怎样与热点紧密结合呢？笔者将其技巧总结为 3 点，如图 10-23 所示。

图 10-23　短视频文案抓住时事热点的技巧

在短视频平台上，各式各样的短视频账号每天都会推送内容，为了尽可能吸引人们的眼球，文案创作者都会苦思冥想，仔细斟酌，而紧跟热点就是他们常用的方法之一，这种方法也能有效提高短视频的点击量。

3．使用网络用语

网络用语是人们日常生活中常用的语言之一，虽然有时网络用语不太规范，但是，因为被大众广泛使用，所以当短视频运营者在短视频文案中使用网络用语时，许多用户还是可以理解的。而且网络用语在一段时间内可能会成为热门用语，此时，短视频运营者在短视频中使用该网络用语时，可以快速吸引用户的注意力，拉近与用户之间的距离。

事实上，短视频文案中的语言最主要的特点就是真实和接地气，使用网络用语也是为了贴近目标人群的用语习惯，抓住用户的爱好和需求。

4．内容短小精悍

随着互联网和移动互联网的快速发展，碎片化的阅读方式已经逐渐成为主流，大部分用户看到时长较长的短视频时可能会产生抵触心理。即使有的用户愿意查看时长较长的短视频内容，但也很难坚持看完。

从制作成本的角度来看，时长较长的短视频拍摄的时长可能会要长一些，进行后期处理的时长也更长一些，如果短视频文案的反响效果不好，那就是"赔了夫人又折兵"了。

短视频文案的制作，"小而精美"是关键所在，也就是说，一个成功的短视频文案应该具备短小精悍的特点。如此一来，用户就能很快了解短视频文案的大致内容，从而获取短视频创作者想要传达的重点信息。

小而精美，并不是说短视频文案只能短不能长，而是要尽可能做到表达言简意赅、重点突出，让用户看完你的短视频文案之后，能够快速了解短视频需要传达的重要信息。

学前提示：

对于短视频运营者来说，要想获取可观的收益，关键就在于获得足够的流量。那么，短视频运营者应如何实现快速引流吸粉呢？本章将从视频平台内部引流技巧、善用各大外部引流平台两个方面，帮助大家快速聚集大量用户，打造百万粉丝账号。

第11章

吸粉技巧：快速打造百万粉丝大号

要点展示：

- ⊙ 视频平台内部引流技巧
- ⊙ 善用各大外部引流平台

11.1 视频平台内部引流技巧

短视频引流有一些基本的技巧，掌握这些技巧之后，电商运营者的引流推广效果将变得事半功半。本节将对几种短视频基本引流技巧分别进行解读。

11.1.1 矩阵引流：多账户共同营销

短视频矩阵是指通过同时做不同的账号运营，来打造一个稳定的粉丝流量池。道理很简单，做 1 个账号也是做，做 10 个账号也是做，同时做可以为你带来更多的收获。打造短视频矩阵需要团队的支持，至少要配置 2 个主播、1 个拍摄人员、1 个后期剪辑人员、1 个推广营销人员，从而保证多账号矩阵的顺利运营。

短视频矩阵的好处很多，首先可以全方位地展现品牌特点，扩大影响力；还可以形成链式传播来进行内部引流，大幅度提升粉丝数量。

短视频矩阵可以最大限度地降低多账号运营风险，这与投资理财强调的"不把鸡蛋放在同一个篮子里"的道理一样。多个账号一起运营，无论是做活动还是引流吸粉，都可以达到很好的效果。在打造短视频矩阵时，需要注意如下事项：

（1）注意账号的行为，遵守抖音规则。

（2）一个账号一个定位，每个账号都有相应的目标人群。

（3）内容不要跨界，小而美的内容是主流形式。

这里再次强调短视频矩阵的账号定位，这一点非常重要，每个账号角色的定位不能过高或者过低，更不能错位，既要保证主账号的发展，也要让子账号能够得到很好的成长。

11.1.2 互推引流：借助他人的力量

这里的互推和上面的互粉引流玩法比较类似，但是渠道不同，互粉主要通过社群来完成，而互推则更多是直接在短视频平台上与其他用户合作，来互推账号。在账号互推合作时，短视频运营者还需要注意一些基本原则，这些原则可以作为我们选择合作对象的依据，具体如下：

（1）粉丝的调性基本一致。

（2）账号定位的重合度比较高。

（3）互推账号的粉丝黏性要高。

（4）互推账号要有一定数量的粉丝。

不管是个人号还是企业号，在选择要合作进行互推的账号时，需要掌握一些账号互推的技巧，其方法具体如下。

个人号互推技巧：

（1）不建议找那些有大量互推的账号。

（2）尽量找高质量、强信任度的个人号。

（3）从不同角度去策划互推内容，多测试。

（4）提升对方账号展示自己内容的频率。

企业号互推技巧：

（1）关注合作账号基本数据的变化，如播放量、点赞量、评论转发量等。

（2）找与自己内容相关的企业号，以增加用户的精准程度。

（3）互推的时候要资源平等，彼此能够获得相互的信任。

11.1.3　分享引流：增加视频传播度

很多短视频应用都有分享和转发功能，短视频运营者可以借助该功能，将短视频分享至对应的平台，从而达到引流的目的。下面以抖音平台为例，介绍短视频分享引流的具体操作方法。

Step01 登录抖音 APP，进入需要转发的视频的播放界面，点击 ➡ 按钮，如图 11-1 所示。

Step02 操作完成后，弹出"分享到"对话框，运营者可以选择转发和分享的平台。下面以转发给微信好友为例进行介绍。点击对话框中的"微信好友"按钮，如图 11-2 所示。

图 11-1　点击 ➡ 按钮　　　　图 11-2　点击"微信好友"按钮

Step 03 操作完成后，播放界面中将显示短视频"下载中"，如图 11-3 所示。

Step 04 短视频保存后，点击"视频分享给好友"按钮，如图 11-4 所示。

图 11-3　显示短视频"下载中"　　　　图 11-4　点击"视频分享给好友"按钮

Step 05 操作完成后，进入微信 APP，选择转发短视频的对象，如图 11-5 所示。

Step 06 进入微信聊天界面，点击⊕按钮；选择"照片"选项，如图 11-6 所示。

图 11-5　选择需要转发短视频的对象　　　图 11-6　选择"照片"选项

Step 07 进入"所有照片"界面，❶选择需要转发的抖音短视频；❷点击"发送"按钮，如图 11-7 所示。

Step 08 操作完成后，微信聊天界面中显示需要转发的抖音短视频，就说明抖音短视频转发成功了，如图 11-8 所示。

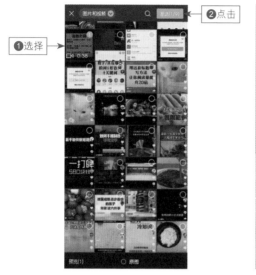 

图 11-7　"所有照片"界面　　　　　　图 11-8　显示需要转发的短视频

抖音短视频转发完成后，微信好友只需点击微信聊天界面中的短视频，便可以在线播放短视频。图 11-9 所示为微信中抖音短视频的播放界面，可以看到，短视频播放时会显示抖音号。

图 11-9　微信中抖音短视频的播放界面

微信好友如果对分享的短视频感兴趣，想获取更多短视频，可以搜索抖音号查看其他短视频，这便很好地起到了引流的作用。

11.1.4 热搜引流：占据搜索的高地

对于短视频的创作者来说，蹭热词已经成为一项重要的技能。用户可以利用抖音热搜寻找当下的热词，并让自己的短视频高度匹配这些热词，得到更多的曝光。

下面总结出 4 个利用抖音热搜引流的方法。

1. 视频标题文案紧扣热词

如果某个热词的搜索结果只有相关的视频内容，这时视频标题文案的编辑就尤为重要了，用户可以在文案中完整地写出这些关键词，提升搜索匹配度的优先级别。

2. 视频话题与热词吻合

以"宠物摄影"的热词为例，搜索结果，在结果中可以看到大量相关的视频，如图 11-10 所示。从视频搜索结果来看，排在首位的就是有"宠物摄影"这个热门话题词汇的视频，如图 11-11 所示。

图 11-10 "宠物摄影"的搜索结果　　图 11-11 视频话题与热词吻合

3. 视频选用 BGM（背景音乐）与热词关联度高

例如，从"你若三冬"这一热搜词返回的搜索结果来看，部分抖音短视频从文案到标签，都没有"你若三冬"字样。这些短视频能之所以得到曝光机会，是因为 BGM 使用了《你若三冬》这首歌，如图 11-12 所示。

因此，运营者制作的短视频通过使用与热词关联度高的 BGM，同样也可以提高视频的曝光率。

图 11-12　视频选用 BGM 与热词关联度高

4．账号命名踩中热词

这种方法比较取巧，甚至需要一些运气，但对于与热词相关的垂直账号来说，一旦账号命名踩中热词，曝光概率会大幅增加。

11.2　善用各大外部引流平台

有的短视频运营者可能已经拥有了一定的粉丝量，但是目前却处于粉丝量缓速增长阶段。此时，短视频运营者可以通过从各大外部平台引进流量的方式，让自己的短视频账号快速成为一个大号。

本节将介绍从 8 种外部平台引流增粉的技巧，帮助大家更好地打造短视频账号。

11.2.1 微信引流：充分发动关系网络

微信平台引流主要是借助微信这个社交软件，将短视频账号的相关信息告知朋友，从而实现引流。

具体来说，微信引流可以从3个方面进行：一是微信聊天；二是微信公众号引流；三是微信朋友圈引流。

1. 微信聊天引流

微信聊天是微信的一个重要板块，许多人甚至直接将其作为日常生活和工作中的一个主要沟通工具。短视频运营者也可以充分利用微信聊天进行引流，将自己的微信好友和微信群成员转化成短视频的粉丝。

在通过微信聊天进行引流时，短视频运营者可以将短视频直接发送至微信聊天界面，从而达到引流推广的目的。具体操作内容在11.1.3节中已经详细介绍了，这里不再赘述。

2. 微信公众号引流

微信公众号，从某一方面来说，就是一个个人、企业等主体进行信息发布并通过运营来提升知名度和品牌形象的平台。短视频运营者如果要选择一个用户基数大的平台来推广短视频内容，且期待通过长期的内容积累构建自己的品牌，那么微信公众平台是一个理想的传播平台。在微信公众号上，短视频运营者可以通过文章和短视频对账号的相关信息进行介绍，从而将微信公众号的粉丝转化为短视频账号的粉丝。

如果想要借助短视频进行推广，可以采用多种方式来实现。其中，使用最多的有两种，即"标题＋短视频"形式和"标题＋文本＋短视频"形式。不管采用哪种形式，都能清楚地说明短视频内容和主题思想的推广方式。

在借助短视频进行推广时，并不局限于某一个短视频的推广，如果短视频运营者打造的是有着相同主题的短视频系列，还可以把视频组合在一篇文章中联合推广，这样更有助于受众了解短视频及其推广主题。

3. 微信朋友圈引流

对于短视频运营者来说，虽然朋友圈单次传播的范围较小，但是从对接收者的影响程度来说，却具有其他一些平台无法比拟的优势，具体如下。

（1）用户黏性强，很多人每天都会去翻阅朋友圈。

（2）朋友圈好友间的关联性、互动性强，可信度高。

（3）朋友圈用户多，覆盖面广，二次传播范围大。

（4）朋友圈内转发和分享方便，易于短视频内容传播。

那么，短视频运营者在朋友圈中进行短视频账号的短视频推广时，应该注意什么呢？在笔者看来，有 3 个方面是需要重点关注的，具体分析如下。

（1）短视频运营者在拍摄视频时要注意开始拍摄时画面的美观性。这是因为推送到朋友圈的视频，是不能自主设置封面的，它显示的就是开始拍摄时的画面。

当然，运营者也可以通过视频剪辑的方式保证推送视频"封面"的美观度。

（2）短视频运营者在推广短视频时要做好文字描述。这是因为一般来说，呈现在朋友圈中的短视频，好友看到的第一眼就是其"封面"，没有太多信息能让受众了解该视频内容，因此，在拍短视频之前，要把重要的信息放上去，如图 11-13 所示。这样设置，一来有助于受众了解短视频，二来如果设置得好，可以吸引受众点击播放。

（3）短视频运营者利用短视频推广商品时要利用好朋友圈评论功能。如果朋友圈中的文本字数太多，会被折叠起来，为了完整展示信息，短视频运营者可以将重要信息放在评论中进行展示，如图 11-14 所示。这样就会让浏览朋友圈的人看到推送的有效文本信息。

图 11-13　做好重要信息的文字表述

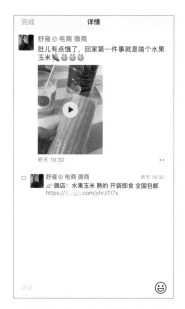

图 11-14　利用好朋友圈的评论功能

11.2.2 QQ 引流：用好两大引流利器

腾讯 QQ 有两大引流利器，一是 QQ 群；二是 QQ 空间。接下来分别进行说明。

1. QQ 群引流

无论是微信群，还是 QQ 群，如果没有设置"消息免打扰"的话，群内任何人发布信息，群内其他人是会收到提示信息的。因此，与朋友圈和微信订阅号不同，通过微信群和 QQ 群推广短视频账号，可以让推广信息直达受众，受众关注和播放的可能性也就更大。微信群和 QQ 群内的用户都是基于一定目标、兴趣而聚集在一起的，因此，如果运营者推广的是专业类的视频内容，那么可以选择这类平台。

另外，相对于微信群需要推荐才能加群而言，QQ 明显更易于添加和推广。目前，QQ 群分出了许多热门分类，短视频运营者可以通过查找同类群的方式，加入进去，然后通过短视频进行推广。

QQ 群推广方法主要包括 QQ 群相册、QQ 群公告、QQ 群论坛、QQ 群共享、QQ 群动态和 QQ 群话题等。例如，利用 QQ 群话题来推广短视频，运营者可以通过相应人群感兴趣的话题来引导 QQ 群用户的注意力。

例如，在摄影群中，可以首先提出一个摄影人士普遍感觉比较有难度的摄影场景，引导大家评论，然后运营者适时分享一个能解决这一摄影问题的短视频。这样，有兴趣的一定不会错过。

2. QQ 空间引流

QQ 空间是短视频运营者可以充分利用起来的一个好地方。短视频运营者需要先建立一个昵称与短视频运营账号相同的 QQ 号，这样更有利于积攒人气，吸引更多人前来关注和观看。

下面介绍 7 种常见的 QQ 空间推广方法。

（1）QQ 空间链接推广：利用"小视频"功能在 QQ 空间发布短视频，QQ 好友可以点击查看。

（2）QQ 认证空间推广：订阅与产品相关的人气认证空间，更新动态时可以马上评论。

（3）QQ 空间生日栏推广：通过"好友生日"栏提醒好友，引导好友查看你的动态信息。

（4）QQ 空间日志推广：在日志中放入你的视频号的相关资料，更好地吸引受众的关注度。

（5）QQ 空间说说推广：QQ 签名同步更新至说说上，用一句有吸引力的话激起受众的关注。

（6）QQ 空间相册推广：很多人加 QQ 都会查看相册，所以，相册也是一个很好的引流工具。

（7）QQ 空间分享推广：利用分享功能分享短视频信息，好友点击标题即可进行查看。

11.2.3　微博引流：重点借助两种功能

在微博平台上，短视频运营者可以借助微博的两大功能来实现其推广目标，即"@"功能和热门话题。

在进行微博推广的过程中，"@"这个功能非常重要。在微博文中可以"@"明星、媒体、企业，如果媒体或名人回复了你的内容，就能借助他们的粉丝扩大自身的影响力。

若明星在微博文下方评论，则会受到很多粉丝及微博用户的关注，那么短视频定会被推广出去。微博"热门话题"是一个制造热点信息的地方，也是聚集网民数量最多的地方。短视频运营者要利用好这些话题，发表自己的看法和感想，提高微博文的阅读和浏览量，从而更好地推广自己的账号和短视频。

11.2.4　百度引流：三大平台同时切入

作为中国网民经常使用的搜索引擎之一，百度毫无悬念成为互联网 PC 端强劲的流量入口。具体来说，短视频运营者借助百度推广引流主要可从百度百科、百度知道和百家号这 3 个平台切入。

下面分别对这 3 个方面进行解读。

1. 百度百科

百科词条是百科营销的主要载体，做好百科词条的编辑对短视频运营者来说至关重要。百科平台的词条信息有多种分类，但对于短视频运营者引流推广而言，主要的词条形式包括 4 种，具体如下。

（1）行业百科。短视频运营者可以以行业领头人的姿态参与到行业词条信息的编辑，为想要了解行业信息的用户提供相关行业知识。

（2）企业百科。短视频运营者所在企业的品牌形象可以通过百科进行表述，例如，奔驰、宝马等汽车品牌在这方面就做得十分成功。

（3）特色百科。特色百科涉及的领域十分广阔，例如，名人可以参与自己相关词条的编辑。

（4）产品百科。产品百科是消费者了解产品信息的重要渠道，能够起到宣传产品，甚至是促进产品使用和产生消费行为等作用。

☆专家提醒☆

短视频运营者在编辑百科词条时需要注意，百科词条是客观内容的集合，只站在第三方立场，以事实说话，描述事物时以事实为依据，不加入感情色彩，没有过于主观性的评价式语句。

对于短视频运营者引流推广而言，相对比较合适的词条形式无疑是企业百科。图 11-15 所示为百度百科中关于"华为"的相关内容，其采用的便是企业百科的形式。

图 11-15　"华为"的企业百科

2. 百度知道

百度知道在网络营销方面具有很好的信息传播和推广作用。利用百度知道平台通过问答的社交形式，可以对短视频运营者快速、精准地定位客户提供很大的帮助。

基于百度知道而产生的问答营销，是一种新型的互联网互动营销方式，问答营销既能为短视频运营者植入软性广告，也能通过问答来挖掘潜在用户。图 11-16 所示为关于"小米手机"的相关问答信息。

图 11-16 "小米手机"在百度知道中的相关问答信息

这个问答信息中，不仅增加了"小米手机"在用户心中的认知度，更重要的是对几款小米手机的信息进行了详细介绍。看到该问答之后，部分用户便会对小米这个品牌产生一些兴趣，这无形之中便为该品牌带来了一定的流量。百度知道在营销推广上具有两大优势：精准度和可信度高。这两种优势能形成口碑效应，增强网络营销推广的效果。

3. 百家号

百家号是百度于 2013 年 12 月正式推出的一个自媒体平台。

短视频运营者入驻百度百家平台后，可以在该平台上发布文章，平台会根据文章阅读量的多少给予运营者收入，与此同时百家号还以百度新闻的流量资源作为支撑，帮助运营者进行文章推广、扩大流量。

百家号上涵盖的新闻一共有五大模块，即科技、影视娱乐版、财经版、体育版和文化版。而且百度百家平台排版十分清晰明了，用户在浏览新闻时非常方便。在每日新闻模块的左边是该模块最新的新闻，右边是该模块新闻的相关作家和文章排行。值得一提的是，除了对品牌和产品进行宣传之外，短视频运营者在引流的同时，还可以通过内容的发布，从百家号上获得一定的收益。

百家号的收益主要来自于 3 个渠道，具体如下。

（1）广告分成：百度投放广告盈利后采取分成形式。

（2）平台补贴：包括文章保底补贴和百＋计划、百万元年薪作者的奖励补贴。

（3）内容电商：通过内容中插入商品所产生的订单量和分佣比例来计算收入。

11.2.5 今日头条引流：直接推广账号

今日头条是一款基于用户数据行为的推荐引擎产品，同时也是短视频内容发布和变现的一个大好平台，可以为消费者提供较为精准的信息内容。

虽然今日头条在短视频领域布局了 3 款独立产品（西瓜视频、抖音短视频、抖音火山版），但同时也在自身的 APP 上推出了短视频功能。

短视频运营者通过今日头条平台发布短视频，可以达到引流的目的，下面介绍具体的操作方法。

Step01 登录今日头条 APP，❶点击右上角的"发布"按钮；在弹出的对话框中❷点击"发视频"按钮，如图 11-17 所示。

Step02 执行操作后，进入视频选择界面，如图 11-18 所示。❶选择需要发布的视频；❷点击"下一步"按钮，进入"编辑信息"界面。

图 11-17　点击"发视频"按钮

图 11-18　视频选择界面

Step03 操作完成后，编辑相关信息，点击"发布"按钮，如图 11-19 所示。

Step04 执行操作后，发布的短视频会出现在"关注"界面中，如图 11-20 所示。

图 11-19　点击"发布"按钮

图 11-20　视频发布成功

11.2.6　视频平台引流：上传视频内容

优酷是国内成立较早的视频分享平台，其产品理念是"快者为王——快速播放，快速发布，快速搜索"，以此来满足多元化的用户需求，并成为互联网视频内容创作者（在优酷中称为"拍客"）的聚集地。

在优酷平台上，不管你使用的是专业的摄像机，还是一部手机，也不管你是直接拍摄视频，还是将抖音等平台发布的短视频进行搬运，只要是喜欢拍视频的人，都可以成为"拍客"。除了"拍客"频道外，优酷还推出了"创意视频"和"直播"等频道，来吸引那些喜欢创作并且热爱视频的用户。短视频运营者可以通过在这些频道上发布与账号相关的短视频，借助优酷的巨大流量来进行引流推广。

11.2.7　音频平台引流：打造相关课程

音乐和音频的一大特点是，只要听就可以传达消息。也正是因为如此，音乐和音频平台始终都有一定的受众。对于短视频运营者来说，如果将这些受众好好利用起来，从音乐和音频平台引流到短视频账号中，便能实现粉丝的快速增长。

1. QQ 音乐

QQ 音乐是国内比较具有影响力的音乐平台之一，许多人都会将 QQ 音乐 APP 作为必备的 APP 之一。在"QQ 音乐排行榜"中设置了"抖音排行榜"，用户只需点击进去，便可以看到许多抖音的热门歌曲，如图 11-21 所示。

图 11-21　"抖音排行榜"的相关界面

因此，对于短视频的一些创作型歌手来说，只要发布自己的原创作品，且作品在抖音上流传度比较高，作品就有可能在"抖音排行榜"中霸榜。而 QQ 音乐的用户听到之后，就有可能去关注创作者的短视频账号，这便能为创作者带来不错的流量。

对于大多数普通短视频运营者来说，虽然自身可能没有独立创作音乐的能力，但可以将进入"抖音排行榜"的歌曲作为短视频的背景音乐。因为有的 QQ 音乐用户在听到进入"抖音排行榜"的歌曲之后，可能会去短视频账号上搜索相关的内容。如果你的短视频将对应的歌曲作为背景音乐，便可能进入这些 QQ 音乐用户的视野。这样一来，便可借助背景音乐获得一定的流量。

2. 蜻蜓 FM

在蜻蜓 FM 平台上，用户可以直接通过搜索栏寻找自己喜欢的音频节目。对此，短视频运营者只需根据自身内容，选择热门关键词作为标题，便可将内容传播给目标用户。图 11-22 所示为笔者在"蜻蜓 FM"平台搜索"短视频"后，出现了多个与之相关的节目。

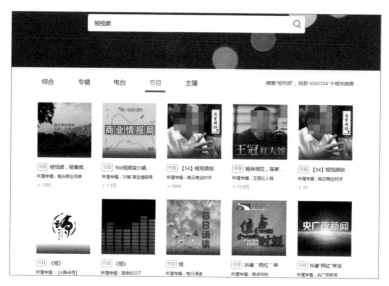

图 11-22　"蜻蜓 FM"中"短视频"的搜索结果

对于短视频运营者来说，利用音频平台来进行账号和短视频的宣传，是一条很好的营销思路。音频营销是一种新兴的营销方式，它主要以音频为内容的传播载体，通过音频节目运营品牌、推广产品。音频营销的特点具体如下。

（1）闭屏特点。闭屏的特点能让信息更有效地传递给用户，这对品牌、产品推广营销而言更有价值。

（2）伴随特点。相比视频、文字等载体而言，音频具有独特的伴随属性，它不需要视觉上的精力，只需双耳在闲暇时收听即可。

"蜻蜓 FM"是一款强大的广播收听应用，用户可以通过它收听国内、海外等地区的数千个广播电台。而且"蜻蜓 FM"相比其他音频平台，具有如下特点。

（1）跨地域。连接数据的环境下，可以全球广播自由选。

（2）免流量。户可以通过硬件 FM 免流量收听本地电台。

（3）支持点播。新闻、音乐、娱乐、有声读物等自由点播。

（4）内容回听。不再受直播的限制，错过的内容可以回听。

（5）节目互动。用户通过蜻蜓 FM 可以与喜欢的主播实时互动。

短视频运营者应该充分利用用户碎片化需求，通过音频平台来发布产品信息广告。音频广告的营销效果相比其他形式广告要好，向听众群体的广告投放更为精准。而且，音频广告的运营成本也比较低廉，十分适合本地中小企业长期推广。

3. 网易云音乐

网易云音乐是一款专注于发现与分享的音乐产品，依托专业音乐人、DJ（Disc

Jockey，打碟工作者）、好友推荐及社交功能，为用户打造全新的音乐生活。网易云音乐的目标受众是一群有一定音乐素养的、较高教育水平、较高收入水平的年轻人，这和抖音的目标受众重合度非常高，因此，网易云音乐成为了抖音引流的最佳音乐平台之一。

用户可以利用网易云音乐的音乐社区和评论功能，对自己的抖音进行宣传推广。例如，冯提莫在网易云音乐上对《世间美好与你环环相扣》作出的评论。

冯提莫本身就是一个短视频的运营者，因此随着越来越多人在短视频中将她演唱的歌曲作为短视频的 BGM（背景音乐），冯提莫在短视频上的影响力也将越来越大，而其在短视频账号中获得的粉丝量也越来越多。

11.2.8 线下平台引流：实现上下联动

除了线上的各大平台，线下平台也是短视频引流不可忽略的渠道。目前，从线下平台引流到短视频平台主要有 3 种方式，下面笔者分别进行解读。

1. 线下拍摄引流

对于拥有实体店的短视频运营者来说，线下拍摄是一种比较简单有效的引流方式。通常来说，线下拍摄可分为两种，一种是短视频运营者及相关人员的自我拍摄；另一种是邀请进店的消费者拍摄。

短视频运营者及相关人员自我拍摄短视频时，能够引发路过人员的好奇心，为店铺引流。而短视频上传之后，如果用户对你的内容比较感兴趣，也会选择关注你的短视频账号。

而邀请进店的消费者拍摄，则可以直接增加店铺的宣传渠道。让更多用户看到你的店铺及相关信息，从而达到为店铺和短视频账号引流的目的。

2. 线下转发引流

单纯的邀请消费者拍摄短视频效果不是很明显，此时，短视频运营者可以采取另一种策略，那就是在线下的实体店进行转发有优惠的活动，让消费者将拍摄好的短视频转发至微信群、QQ 群和朋友圈等社交平台，以此提高店铺和短视频账号的知名度。

当然，为了提高消费者转发的积极性，短视频运营者可以对转发的数量，以及转发后的点赞数等给出不同的优惠力度。这样，消费者为了获得更大的优惠力度，自然会更卖力地进行转发，而转发的实际效果也会越好。

3. 线下扫码引流

除了线下拍摄和线下转发之外，还有一种更为直接增加短视频账号粉丝数量的方法，那就是通过线下扫码，直接让进店的消费者或者是路人成为你的短视频账号的粉丝。

当然，在扫码之前，还需有码可扫，下面以抖音为例进行介绍。运营者可以进入"我"界面，❶点击██按钮；在弹出的选择栏中❷选择"我的二维码"选项，如图 11-23 所示。操作完成后，进入"我的二维码"界面，抖音运营者点击界面中的"保存到相册"按钮，便可下载抖音二维码，如图 11-24 所示。

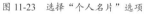

图 11-23　选择"个人名片"选项　　　图 11-24　点击"保存到相册"按钮

抖音二维码保存好后，运营者可以将其打印出来，通过发传单，或者将抖音二维码放置在店铺显眼位置的方式，让抖音用户扫码加好友，并关注你的抖音号。

学前提示:

通过短视频带货是许多短视频的主要变现方式之一。而短视频的带货效果又与短视频带货话术有直接关系。所以,在通过短视频带货的过程中,短视频运营者需要掌握好带货话术,通过带货话术来引爆销量,激发用户的购买欲望。

第12章

带货话术:巧妙增强用户购买欲望

要点展示:

⊙ 视频带货的话术要点

⊙ 赢得信任的文案话术

⊙ 强化用户记忆的话术

12.1 视频带货的话术要点

在借助短视频带货的过程中，话术的使用非常重要。有时候使用正确的话术，就能让你的短视频带货能力成倍增长。具体来说，在用短视频带货的过程中要如何使用正确的话术呢？本节将介绍用短视频带货需要掌握的 6 个话术要点。

12.1.1 口头用语：拉近与用户的距离

口头用语就是在日常生活中经常使用的、口头化的语言。也正是因为口头用语是常用的语言，所以，当短视频运营者在短视频中使用口头语言时，就能快速拉近与用户的距离，让用户看到相关话术之后觉得特别亲切。

例如，某短视频中的文案"大家吃青团了没？""是我的心声没错了"就属于口头用语。当用户看到这类表达时，会有一种短视频运营者在和自己打招呼、表达态度的感觉，而不会觉得是在硬性植入广告。

因此，对于这类广告，用户看到之后通常不容易产生反感情绪，这便能从一定程度上提高短视频的完播率。再加上短视频中通过对产品的展示，可以有效地增加用户对产品的需求。所以，使用口头用语的话术通常能在快速拉近与用户距离的同时，吸引用户关注产品，从而更好地提高短视频的带货能力。

12.1.2 巧妙植入：适当软化视频广告

虽然短视频有时不过短短十几秒，但是，用户仍然会对短视频的内容有所追求。许多用户都喜欢有一定剧情的短视频，因为这种短视频更有代入感，也更有趣味性。所以，剧情式的短视频内容能获得的流量，通常比一般的短视频多一些。

而对于短视频运营者来说，无论是一般的短视频文案，还是短视频带货文案，流量的获得都是关键。因为获得的流量越多，就越容易达到营销目标。而且如果硬性植入，广告，也会让用户产生反感情绪。所以，通过剧情式短视频将产品进行巧妙地植入，也不失为一种不错的短视频带货方式。

在剧情式短视频中植入产品时，产品与剧情的融合度至关重要。如果植入的产品与剧情本身完全不相关，用户在看到植入的产品广告之后，可能还是会觉得广告过硬。因此，短视频运营者在通过剧情式短视频带货时，最好根据要植入的产品来设计合理的剧情。

例如，某短视频的主要剧情是制作菠萝炒饭，而许多人在吃饭的时候都会想要喝点什么。所以，短视频运营者在菠萝炒饭制作完成后，很自然地就将自己要销售的饮品拿出来，与菠萝炒饭搭配在一起。这样一来，用户会觉得炒饭配上饮料是很自然的事，而在短视频中植入该饮品也就不容易让用户反感了。

可能有的短视频运营者会觉得根据产品来设计专门的剧情，不仅麻烦，而且还不一定能获得预期的效果。在笔者看来，很多事情做了虽然不一定能看到预期的效果，但不做就一定看不到预期的效果。更何况，根据产品设计剧情打造的短视频对用户更具有吸引力。即使这样做难以在短期内提高产品的销量，但是产品被更多用户看到了，从长期来看对于提高产品的销量也是有所帮助的。

12.1.3　使用金句：借用大咖带货话术

每行每业都会有一些知名度比较高的大咖，大咖之所以能成为大咖，就是因为其在行业中具有比较专业的素质，并且还获得了傲然的成绩。在带货领域也有一些做出了成绩的人，如薇娅、李佳琦等。这些人之所以能成功，就在于他们懂得通过话术引导用户购买产品。有的带货主播还形成了自己的特色营销话术。

以李佳琦为例，他在短视频和直播过程就有许多属于自己的特色营销话术，或者说是金句，其中之一就是用"买它"来引导用户购买产品。

其实，同样是带货，李佳琦用金句可以引导用户购买产品，普通短视频运营者用金句同样也可以起到带货作用。因此，当短视频运营者看到一些大咖的营销金句时，不妨也借过来试用一下，看看效果。

12.1.4　介绍福利：强调产品价格优势

很多时候，价格都是用户购买一件产品时重点考虑的因素之一。这一点很好理解，毕竟谁都不想花冤枉钱。同样的产品，价格越低就越会让人觉得划得来。这也是许多人在购买产品时，不惜花费大量时间去"货比三家"的重要原因。

基于这一点，短视频运营者在通过短视频带货时，可以通过一定的话术提及福利，适当地强调产品的价格优势和优惠的力度。这样用户就会觉得产品的价格已经比较优惠了，其对产品的购买需求自然也会有所提高。

12.1.5　亲身试用：增强用户的信任感

俗话说得好："耳听为虚，眼见为实。"只有亲眼看到的东西，人们才会相信。其实，用户在购买产品的过程中也是如此。如果短视频运营者只是一味地说产品如何如何好，却看不到实际的效果，那么用户可能就会觉得你只是在自卖自夸，这就很难打动用户了。

针对这一点，短视频运营者在制作短视频时，可以亲身试用产品，让用户看到产品的使用效果，并配备相应的话术进行说明。这样，用户在看到你的带货短视频时，就会觉得比较直观、可信。

因此，在条件允许的情况下，笔者建议大家尽可能地在带货短视频中将亲身试用产品的效果进行展示。其实，亲身试用操作起来很简单，如果销售的是服装，只需展示穿上服装后的效果即可。

亲身试用对于化妆产品、护肤产品和食用型产品尤其重要，因为用户对于这些产品使用是否安全会特别关注。如果短视频运营者不在短视频中展示亲身使用的效果，那么部分用户就会觉得你销售的产品可能使用之后会造成什么问题。这样一来，用户自然不会轻易下单购买产品了。

12.1.6　对比产品：突出自身主要优势

有一句话说得好："没有对比，就没有差距。"如果短视频运营者能够将同款产品（或者相同功效的产品）进行对比，那么用户就能直观地把握产品之间的差距，更好地看到你的产品的优势。

当然，有的短视频运营者可能觉得将自己的产品和他人的产品进行对比，有踩低他人产品的意味，可能会得罪人。此时，可以转换一下思路，用自己的新款产品和旧款进行对比。这不仅可以让新款和旧款都得到展示，而且只要话术使用得当，新款和旧款的优势都可以得到显现。

例如，将同品牌的新款蜜粉饼与散粉进行对比，来凸显蜜粉饼不容易哑光的优势。本来这个品牌的散粉质量就比较好，也获得了一大批忠实的用户。而通过短视频中的对比，用户就会觉得蜜粉饼更好用。这样一来，用户对于该蜜粉饼的购买欲望很自然就提高了。

12.2 赢得信任的文案话术

谁都不会购买自己不信任的产品，所以，短视频运营者如果想要让用户购买你的产品，那么就必须先赢得用户的信任。赢得用户信任的方法有很多，其中比较直接有效的一种方法就是写出好的带货文案。

那么怎样写出好的带货文案呢？笔者认为，可以从 6 个方面进行重点突破，下面分别进行介绍。

12.2.1 树立权威：塑造自身专业形象

有的用户在购买产品时会对短视频运营者自身的专业性进行评估，如果运营者自身的专业度不够，那么用户就会对短视频运营者推荐的产品产生怀疑。

所以，在短视频账号的运营过程中，短视频运营者还需要通过短视频文案来树立权威，塑造自身的专业形象，增强用户对自身的信任感。这一点对于专业性比较强的领域来说，显得尤为重要。

图 12-1 所示为某摄影类运营者发布的一条短视频，在该短视频中，便是通过文案"十大场景的快门速度设置"来凸显自身的专业性。

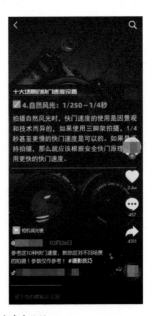

图 12-1　通过文案凸显自身专业性

因为短视频运营者在这个短视频中对 10 种快门的参数设置进行了详细说明，用户看到该短视频文案之后，就会觉得该短视频运营者在摄影方面非常专业。在这种情况下，用户再看到短视频中的摄影产品链接，就会觉得该产品是短视频运营者带有专业眼光挑选的，会更加信赖该产品。

12.2.2　事实说明：力证产品使用效果

有一句话说得好："事实胜于雄辩！"说得再多，也没有直接摆事实有说服力。短视频运营者与其将产品夸得天花乱坠，还不如直接摆事实，让用户看到产品使用后的真实效果。

例如，某销售大码女装的短视频，短视频中并没有对自己的大码服装进行太多的夸耀，而是直接将穿其他服装的效果和穿上大码服装后的效果进行对比，用事实来力证大码服装的"遮肉"效果。

因为有了事实的力证，所以，用户通过短视频可以很直观地看到产品使用后的真实效果。再加上产品展示的效果很好，用户看到该短视频后，就会想要尝试去购买产品。

12.2.3　打造口碑：将顾客变成宣传员

从用户的角度来看，短视频运营者毕竟是需要通过销售产品来变现的，所以，如果只是短视频运营者说产品各种好，用户通常是不会轻易相信的。对此，运营者在制作短视频文案时，可以通过适当借顾客的力量来打造产品和店铺的口碑。

借力顾客打造口碑的方法有很多，既可以展示顾客的好评，也可以展示店铺的销量或店铺门前排队的人群，还可以将顾客对店铺或产品的肯定表达出来让短视频用户看到。

图 12-2 所示的短视频中，就是通过将顾客对产品的肯定表达出来来打造产品的口碑的。

借力顾客打造产品口碑，对于实体店的运营者来说尤其重要，因为一些实体店经营的产品是无法通过网上发货的，最多也就是通过外卖的方式送给附近的顾客。而借顾客的力量打造产品口碑，则会让附近看到店铺相关短视频的用户对店铺及店铺中的产品多一分兴趣。这样一来，商家便可以直接将附近的短视频用户直接转化为店铺的顾客。

图 12-2　通过顾客对产品的肯定来打造口碑

12.2.4　消除疑虑：积极解答用户疑问

如果用户对你销售的产品还有疑虑，那么用户通常是不会购买产品的。因为通过短视频平台销售产品时，用户是无法直接体验产品的，所以，心中难免会对产品有所疑虑。

因此，在制作短视频带货文案时，短视频运营者还需要解答用户的疑虑，让用户放心购买你的产品。

图 12-3 所示的短视频文案中，运营者表示自己销售的笔"想要什么就可以画什么"，看到这里许多短视频用户心中都会有疑虑，是不是真的像说的这么神奇，什么都能画呢？

为了验证这一点，运营者在短视频中展示了画猫咪发梳的过程，并且将画完的梳子略经处理之后就直接拿来梳头发。看到这里，许多短视频用户心中的疑问便得到了解答。

许多短视频用户有过失败的网购经验，所以，对于网上销售的产品会有一些不信任感。短视频运营者如果要获得这些短视频用户的信任，就要消除短视频用户的疑虑，让短视频用户信任你的产品。

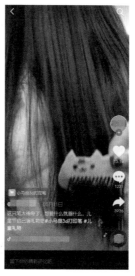

图 12-3　通过文案消除用户的疑虑

12.2.5　扬长避短：重点展示产品优势

无论是哪种产品，都会既有缺点，也有优点，这本来是一件很自然的事。但是，有的短视频用户会过于在意产品的不足，如果看到产品有不如意的地方，就会失去购买兴趣。

为了充分挖掘这部分用户的购买力，运营者在短视频中展示产品时，需要选择性地对产品的优缺点进行呈现。更具体地说，就是要尽可能扬长避短，重点展示产品的优势，而不要让用户看到产品的不足。

图 12-4 所示的短视频中，短视频运营者在展示产品时，重点对"不添加防腐剂""在家加热就能吃""原材料一模一样的"等优点进行了说明。正是因为该产品优势众多，所以，对这类产品有需求的用户在看到该短视频文案之后很容易就心动了。

同样还是短视频中的产品，如果用户将产品的缺点说出来，如"保质期短，收到后应尽快食用""运输的过程中可能会导致汤汁泄漏"，试想一下，还有多少用户愿意购买这件产品呢？

部分短视频运营者可能会觉得扬长避短，重点展示产品的优势是在刻意隐瞒产品信息，笔者对此不是很认同。谁都希望将自己好的一面展现给他人，既然人刻意扬长避短，那为什么产品不可以呢？而且这也不是刻意隐瞒，而是选择对自己有利的信息进行重点展示。

 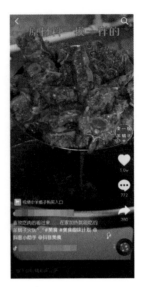

图 12-4　重点展示产品的优势

12.2.6 缺点转化：通过不足凸显优势

正所谓："金无足赤，人无完人。"世上没有十全十美的事物，产品也是如此，无论是什么产品，总会有一些缺点和不足。有缺点和不足并不可怕，可怕的是缺点和不足被无限放大，成为产品的致命弱点。

其实有时候只要处理得当，缺点和不足也能转化为凸显产品优势的一种助力。关键就在于要找到一种合适的转化方式，让短视频用户通过产品的缺点和不足，看到产品的其他优势。

进行缺点转化的方式有很多，其中一种比较简单有效的方法就是通过一定的话术，表达产品的缺点和不足只有一个，将产品的一个显著但又不影响产品品质的缺点进行说明。

这样，用户在看到短视频之后，就会觉得产品只有一个缺点，其他的都是优点。在这种情况下，用户对产品的好感度便会快速提升。

图 12-5 所示的短视频中，运营者直接在短视频中表示："我们的皮蛋缺点只有一个，那就是有点 gui（贵）。"本来许多人在购买食品时更注重的是食用安全，至于价格因素的重要性，相对来说就不是那么重要了。

图 12-5　通过缺点转化凸显优势

看到短视频中的话术之后，就会觉得短视频中的皮蛋虽然有点贵，但是，食用的安全是有保障的，可以放心购买。而且虽然这种皮蛋比一般的皮蛋要稍贵一些，但是，也没有贵很多，大部分受众对其价格还是能够接受的。因此，许多用户看完短视频之后，反而会觉得短视频中的皮蛋更值得购买了。

12.3　强化用户记忆的话术

对于短视频运营者来说，通过一个短视频就让用户购买你的产品是有一定难度的。但是，短视频运营者可以通过短视频强化用户认知，让用户记住你的产品。这样，用户有购买需求时，很自然就会想到你的产品。

12.3.1　集中优势：放大产品的卖点

每种产品都有许多优点，短视频运营者如果将产品的所有优点都摆出来，会让用户难以把握重点。在笔者看来，与其花费心力挖掘和展示产品的各种优点，不如集中并放大产品的主要卖点，进行重点突破。

图 12-6 所示为一个关于录音笔的短视频。看完这个短视频之后，大部分用户都

会对短视频中的录音笔留下深刻印象。因为在这条短视频中对该录音笔可以中英文边录边译这个主要卖点进行了重点展示。

图 12-6　集中展示录音笔的中英文边录边译功能

集中并放大产品卖点，对于拥有某个突出卖点的产品来说非常实用。通过集中并放大展示，能够强化产品的主要卖点，让用户快速把握住产品的卖点。

图 12-7 所示为一个关于折叠垃圾桶的短视频。与一般垃圾桶相比，这种垃圾桶最主要的卖点就是可以折叠起来，摆放和使用非常方便。

图 12-7　集中展示折叠垃圾桶的便利性

12.3.2 帮助理解：让用户了解产品

通常来说，用户在购买一件产品时，都会先判断这件产品对自己是否有用处。如果产品对自己没有用处，肯定是不会购买的。另外，如果对产品的理解不够，不知道产品对自己是否有用，许多用户可能也不会轻易下单。

因此，短视频运营者如果想让用户购买你的产品，就需要通过短视频让用户快速理解产品。这样，用户才能根据自己的理解，判断产品是否是对自己有用处的，而不至于因为对产品不理解，怕踩坑就直接放弃购买产品。

如果短视频运营者要销售的是一种新产品（此前市场上没有类似的产品）或拥有新功能的产品，那么通过短视频展示产品，让用户快速理解产品就是非常重要而且必要的。

除了新出现的产品和拥有新功能的产品之外，一些以某些功能或特性为卖点的产品，也需要通过短视频展示，让用户理解产品的功能和特性。因为很多用户只有看到视频中进行了展示，他们才会理解并相信你的产品确实拥有某些功能或特性。

12.3.3 简单易记：让用户记住产品

要让用户记住一种产品通常有两种方法：一种是通过产品的展示，让产品在用户心中留下深刻的印象；另一种是通过文案营销，用简单易记的文案宣传产品，从而借助文案让用户记住产品。这也是许多品牌不惜花费大量成本做广告宣传的重要原因。

对于短视频运营者来说，要制作一个短视频文案可能算不上是一件难事，但是，要制作一个有记忆点的短视频却不是一件容易的事。那么，如何让你的短视频文案更加简单易记呢？在这里，笔者重点介绍两种方案。

一种是通过趣味性的表达，让用户在会心一笑之余，对短视频文案及短视频中的产品留下印象。

图 12-8 所示的短视频中展示的是一种儿童玩具，短视频运营者给短视频配的标题是"趁着闺女睡着了，我玩会"。这个标题能让用户感受到短视频运营者趣味性表达的同时，明白这种玩具对大人都有一定的诱惑力。因此，看到标题和短视频之后，短视频用户很快就留下了印象，并记住了短视频中的产品。

图 12-8　趣味性文案

　　另一种是通过说明性的文字，对产品的主要功能和特性进行形象的说明，让用户可以通过文案直观把握产品的功能和特性。

　　以上笔者选取了两种制作简单且易记的短视频文案的方案进行了说明，在实际操作时，可执行的方案还有很多。短视频运营者只需结合自身情况，选择适合的方案在短视频文案中给用户制造记忆点即可。

学前提示：

许多人做短视频最直接的想法可能就是借助短视频赚到一桶金。确实，短视频是一个潜力巨大的市场，但同时也是一个竞争激烈的市场。所以，短视频运营者要想在短视频中变现，轻松年赚上百万元，就必须掌握一定的变现转化技巧。

第13章

带货变现：轻松实现年收入过百万元

要点展示：

⊙ 抖音带货快速获取收益

⊙ 快手带货实现高效变现

13.1 抖音带货快速获取收益

在抖音中要想快速获取收益，还需要借助一些实用的功能。本节将从抖音购物车、抖音小店、抖音小程序及其他功能 4 个方面重点介绍抖音中的卖货变现功能，帮助抖音电商运营者更好地快速获取收益。

13.1.1 抖音购物车变现：3 种变现方式

抖音购物车主要包括 3 个部分：商品橱窗、视频购物车和直播购物车。抖音运营者打开商品橱窗功能之后，便可以在抖音视频和直播中插入商品链接。

1. 商品橱窗变现

当一个抖音号开通商品橱窗功能之后，抖音运营者便可以把商品橱窗当成一个集中展示商品的地方，把想要销售的商品都添加到商品橱窗中。

抖音用户如果进入抖音号的商品橱窗界面，选择需要的商品，便可以进入抖音商品详情界面了解和购买商品，如图 13-1 所示。抖音用户购买商品之后，抖音运营者便可获得相应的佣金收入。

图 13-1　商品橱窗变现

2. 直营店铺变现

抖音电商运营者可以自己开设一个抖音小店，或者将自己网店中的商品添加至抖音视频、直播中，通过自营店铺来进行变现。例如，将自己店铺中的商品添加至抖音视频时，视频中就会出现一个购物车链接，如图 13-2 所示。抖音用户只需点击该链接，便可进入对应界面购买商品，抖音运营者便可以借此实现变现。

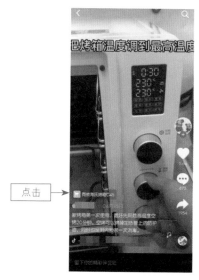

图 13-2　自营店铺变现

3．赚取佣金变现

因为开设自己的店铺不仅需要一定的成本，还需要花费大量的时间和精力进行管理。所以，大多数抖音运营者可能并不具有通过自营店铺变现的条件。为此，抖音平台特意打造了佣金变现模式，让没有自营店铺的短视频运营者也能轻松变现。

例如，在给商品橱窗添加商品时，抖音运营者可以看到每个商品中都有"赚××"的字样，这是每一次通过你添加的商品购物车链接卖出去东西能够获得的佣金收入。

另外，抖音运营者还可以点击"添加商品"界面中的"佣金率"按钮，根据商品的佣金率选择商品进行添加。

13.1.2　抖音小店变现：让购买更加便利

抖音小店是抖音短视频平台的一个重要功能，同时也是无数商家的带货新平台。抖音运营者入驻抖音小店之后，可以将抖音小店的商品添加至短视频和直播中，用户只需点击对应的商品链接，便可以在抖音短视频平台中完成商品的购买，而无须跳转至其他平台，这让商品的购买变得更加便利。

抖音小店对接的是今日头条的放心购商城，抖音运营者可以从抖音帮助页面进入入驻平台，也可以通过 PC 端来登录，注意要选择抖音号登录。

13.1.3 抖音小程序变现：延伸变现的工具

抖音小程序是抖音平台的一个重要功能，同时也是一个抖音短视频延伸变现的工具。抖音账号运营者只需开发一个抖音小程序，便相当于在抖音上增加了一个变现的渠道。

抖音运营者可以在抖音中放置抖音小程序的链接，用户点击链接即可进入小程序，在小程序中购买商品。

在抖音中，主要为抖音小程序提供了 5 个入口，这也为抖音小程序变现提供了更多的变现机会。

1. 视频播放界面

抖音电商运营者如果已经拥有了自己的抖音小程序，便可以在视频播放界面中插入抖音小程序链接，抖音用户只需点击该链接，便可以直接进入对应的链接位置。抖音小程序的特定图标为⚙。抖音用户只要看到带有该图标的链接，点击即可进入抖音小程序。

2. 视频评价界面

除了在视频播放界面中直接插入抖音小程序链接之外，抖音电商运营者也可在视频评价界面中提供抖音小程序的入口。

☆专家提醒☆

运营者可以通过"拍抖音"以及"分享"发布后的视频在视频的评论区顶部展示小程序的入口，评论顶部的小程序入口有超高的转化率，让评论为小程序赋能。

3. 个人主页界面

在个人主页界面中也可以插入抖音小程序链接。

4. 最近使用的小程序

抖音用户近期使用过的某些抖音小程序，会在最近使用的小程序中出现。抖音用户只需❶点击█按钮，在弹出的菜单栏中❷选择"小程序"选项，便可进入"小程序"界面，如图 13-3 所示。

抖音用户只需点击抖音小程序所在的位置，便可直接进入其对应的抖音小程序界面。

图 13-3　最近使用的小程序中的抖音小程序入口

5．综合搜索界面

抖音用户还可直接进入抖音小程序的搜索界面。例如，在综合搜索界面中输入"炒鸡有趣"，点击搜索结果界面中"小程序"板块中的"炒鸡有趣"，便可进入该抖音小程序，如图 13-4 所示。

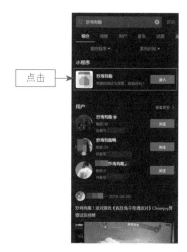

图 13-4　内容搜索界面中的抖音小程序入口

13.1.4 其他功能变现：更丰富广泛的推广

抖音带货除了以上变现方式之外，抖音运营者还可以借助一些其他的功能，让内容实现更丰富、更广泛的推广，如 DOU＋、广告营销变现和 POI 认证功能。

1. DOU+ 功能变现

DOU＋作品推广功能是一种给短视频加热，让更多抖音用户看到短视频的功能。简单理解，其实质就是抖音运营者通过向抖音平台支付一定的费用，花钱买热门，把短视频推广给更多用户看到。

在抖音短视频 APP 中有两种使用 DOU＋作品推广功能的方法：在个人主页使用和在视频播放页使用。

（1）个人主页使用

在个人主页使用 DOU＋作品推广功能的步骤具体如下。

Step 01 登录抖音短视频 APP，进入"我"界面。❶点击界面中的 ▤ 按钮，在弹出的对话框中选择"更多功能"选项；❷进入"更多功能"界面后，选择"拓展功能"一栏中的"上热门"选项，如图 13-5 所示。

Step 02 操作完成后，进入图 13-6 所示的"DOU＋上热门"界面，在该界面中点击需要上热门的视频下方的"上热门"按钮。

图 13-5　选择"DOU＋作品推广"选项　　图 13-6　　"DOU＋上热门"界面

Step 03 操作完成后，进入"速推版"界面。"DOU＋上热门"有两种方式可以选择，即"速推版"和"定向版"，如图 13-7 所示。

在该界面中可以查看被推广视频的相关信息和 DOU ＋的预期效果等。只需点击下方的"支付"按钮，并支付相应的费用，就可以将短视频推上热门，提高其传达率。

图 13-7　"DOU ＋上热门"的两种方式

（2）视频播放页使用

DOU ＋作品推广功能也能在视频播放页使用，具体步骤如下。

Step 01 打开需要推广的短视频，点击界面中的➡按钮，如图 13-8 所示。

Step 02 操作完成后，界面中将弹出一个对话框，点击对话框中的"帮上热门"按钮，如图 13-9 所示。

图 13-8　点击➡按钮　　　　　图 13-9　点击"帮上热门"按钮

Step03 操作完成后，进入 DOU＋作品推广界面。抖音运营者只需支付对应的费用，便可以借助 DOU＋作品推广功能进行推广引流，提高视频的变现能力。

2. 广告营销变现

抖音官方为抖音运营者提供了一些广告方式，这些广告方式不仅可以为抖音运营者提供营销渠道，还能为变现提供更好的机会。

（1）开屏广告

开屏广告，顾名思义，就是打开抖音短视频 APP 之后就能看到的一种广告。这种广告的优势就在于，抖音用户一打开抖音短视频 APP 就能看到，所以广告的曝光率较高。

按照内容的展示形式，开屏广告可细分为 3 种：静态开屏（一张图片到底）、动态开屏（中间有图片的更换）和视频开屏（以视频的形式呈现广告内容）。品牌主可以根据自身需求，选择合适的展示形式。

（2）信息流广告

信息流广告就是以短视频的形式呈现广告内容，其文案中会出现"广告"字样，抖音用户点击视频中的链接，则可以跳转至目标页面，出售商品，实现变现。

（3）Topview 超级首位

Topview 超级首位是一种包含两种形式的广告呈现方式。具体来说，其包含前面几秒的抖音开屏广告和之后的信息流广告。

从形式上来看，Topview 超级首位模块很好地融合了开屏广告和信息流广告的优势，既可以让抖音用户在打开抖音短视频 APP 的第一时间就看到广告内容，也能通过信息流广告对内容进行完整的展示，并引导抖音用户了解广告详情。

3. POI 认证变现

POI 是 Point of Interest 的缩写，中文可以翻译为"兴趣点"。店铺可以通过认证认领 POI 地址，认领成功后，即可在短视频中插入店铺位置链接，点击该链接，便可了解店铺的相关信息。

POI 认证变现功能对于经营线下实体店的抖音电商运营者来说意义重大。这主要是因为，抖音电商运营者如果设置了 POI 地址，那么，抖音用户便可以在店铺信息界面中看到店铺的位置，点击该位置，并借助导航功能，抖音用户可以很方便地找到店铺。

13.2　快手带货实现高效变现

快手是一个潜力巨大的市场，但同时也是一个竞争激烈的市场。所以，要想在快手中年赚上百万元，快手运营者必须掌握一些实用的变现技巧。本节将从直播变现、电商变现、粉丝变现、其他变现 4 个方面分别进行介绍。

13.2.1　直播变现：礼物卖货双收益

在当下互联网时代，主播这个行业门槛低、变现快，没有固定的时间，很多人开始入驻各种 APP 直播。在快手上，不乏有专业团队包装和运营的职业主播，也有不少跃跃欲试、缺少经验的快手运营者。

那么，对于这些直播新玩家而言，他们通过哪些方式可以在这个竞争激烈的行业占有一席之地，获取流量并变现呢？下面就从直播礼物和直播卖货这两点分别进行介绍。

1. 直播礼物

大多数短视频平台的礼物都需要花钱购买，快手却有一些不同。快手用户可以根据在线查看直播的时间，点击直播间的百宝箱，在"每日百宝箱"对话框中领取对应的快币。领取快币之后，快手用户还可以将快币兑换成猫粮，作为礼物送给主播，从而提高直播间的热度。

2. 直播卖货

快手运营者可以在直播间插入一些商品，通过直播卖货来获取收益。通常来说，插入了商品的直播间下方都会出现🛒按钮。

13.2.2　电商变现：有销量就有收入

对于快手运营者来说，快手最直观、有效的盈利方式当属销售商品或服务进行电商变现。借助快手平台销售产品或服务，只要有销量，就有收入。具体来说，用产品或服务进行电商变现主要有 4 种形式，下面分别进行介绍。

1. 视频购物

快手运营者可以在视频中插入商品链接，让受众点击链接购买商品，从而通过视频购物进行变现。

2. 售卖课程

部分自媒体和培训机构，可能自身是无法为消费者提供实体类的商品的。那么，对于他们来说，快手短视频平台是不是仅仅就是积累粉丝，进行自我宣传的一个渠道呢？

很显然，快手短视频平台的价值远不止如此，只要自媒体和培训机构拥有足够的"干货"内容，同样能够通过快手短视频平台获取收益。例如，可以在快手短视频平台中通过开设课程招收学员的方式，借助课程费用实现变现。

3. 小店销售

快手运营者可以开设自己的快手小店，然后将相关商品都添加至小店中。只要快手小店中的商品销售出去了，快手运营者便可以获得收益，实现变现。

4. 微商经营

微商卖货和直接借助快手平台卖货虽然销售的载体不同，但也有一个共同点，那就是要有可以销售的产品，最好是有自己的代表性产品。

微商卖货的重要一步在于，将快手用户引导至微信等社交软件。这一点很容易便能做到，快手号运营者可以在快手账号简介中展示微信等联系方式，吸引快手用户添加。

将快手用户引导至社交软件之后，便可以通过将微店产品链接分享至朋友圈等形式，对产品进行宣传。只要用户点击链接，购买商品，微商便可以直接赚取收益。

13.2.3 粉丝变现：用内容引导用户

粉丝变现的关键在于吸引快手用户观看你的短视频，然后通过短视频内容引导快手用户，从而达成自身的目的。一般来说，粉丝变现主要有出版图书、引流线下、账号出售 3 种方式，下面分别进行解读。

1. 出版图书

图书出版，主要是指快手运营者在某一领域或行业经过一段时间的经营，拥有了一定的影响力或者有一定经验之后，将自己的经验进行总结，然后进行图书出版，以此获得收益的盈利模式。只要快手短视频运营者本身有基础与实力，那么收益还是很乐观的。

另外，当你的图书作品火爆后，还可以通过售卖版权来变现，小说等类别的图书版权可以用来拍电影、拍电视剧或者网络剧等，这种收入相当可观。当然，这种方式可能比较适合那些成熟的短视频团队，如果作品拥有了较大的影响力，便可进行版权盈利变现。

2．引流线下

快手用户都是通过快手短视频 APP 来查看线上发布的相关短视频，而对于一些在线上没有店铺的抖商来说，要做的就是通过短视频将线上的快手用户引导至线下，让用户到实体店打卡。

如果快手运营者拥有自己的线下店铺，或者与线下企业合作，建议大家一定要做位置定位，这样可以获得一个地址标签，让快手用户可以借助地图更方便地找到你的店铺，并到店铺中进行打卡。

除此之外，运营者将短视频上传后，附近的快手用户还可在同城板块中看到你的短视频。再加上定位功能的指引，便可以有效地将附近的用户引导至线下实体店。

3．账号出售

在生活中，无论是线上还是线下，都是有转让费存在的。而这一概念随着时代的发展，逐渐有了账号转让的存在。同样，账号转让也是需要接收者向转让者支付一定费用的，最终账号转让成为获利变现的方式之一。

对快手平台而言，由于快手号更多的是基于优质内容发展起来的，因此，快手号转让变现通常比较适合发布了较多原创内容的账号。如今，互联网上关于账号转让的信息非常多，在这些信息中，有意向的账号接收者一定要慎重对待，不能轻信，且一定要到比较正规的网站上操作，否则很容易上当受骗。

例如，鱼爪新媒交易平台便提供了快手账号的转让服务，快手运营者只需点击鱼爪新媒交易平台首页界面中的"快手号交易"按钮，便可进入"快手号交易"界面，如图 13-10 所示。

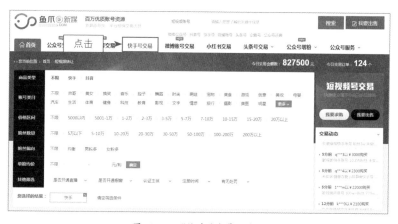

图 13-10　"快手号交易"界面

如果快手运营者想将自己的快手账号进行转让，只需点击"快手号交易"界面中的"我要出售"按钮，便可进入图 13-11 所示的界面。在该界面中❶填写相关信息，❷点击"确认发布"按钮，即可发布账号转让信息。转让信息发布之后，只要售出，运营者便可以完成账号转让变现。

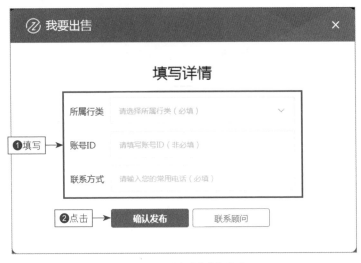

图 13-11 "我的出售"界面

当然，在采取这种变现方式之前，快手运营者一定要考虑清楚。因为账号转让相当于是将账号直接卖掉，一旦交易达成，快手运营者将失去账号的所有权。如果不是专门做账号转让的快手运营者，或不是急切需要进行变现，笔者不建议采用这种变现方式。

13.2.4 其他变现：提高自身的收益

除了直播变现、电商变现和粉丝变现之外，快手运营者还可以通过其他变现方式来提高自身的收益。下面重点介绍其他变现的 4 种方法。

1. 承接广告

当快手运营者的账号积累了大量粉丝，账号成了一个知名度比较高的 IP 之后，可能就会被邀请做广告代言。此时，快手运营者便可以采用赚取广告费的方式，进行 IP 变现。

快手账号的运营者中通过广告代言变现的 IP 还是比较多的，它们共同的特点就是粉丝数量多、知名度高。

2．品牌变现

品牌能够借助火爆的短视频内容效应吸引粉丝，而达到流量与价值的双重变现。超级 IP 与品牌通过短视频将双方紧密结合，是快手变现的一个新渠道。

当然，通过快手进行品牌变现时，还需要注意如下两点。

（1）快手和超级 IP 的共性

快手可以为品牌带来大量的流量，同样，品牌也具备这个能力。在互联网中，流量是最重要的"武器"，没有流量就难以赢得市场，没有消费者就不会有收益。可以说现在就是一个"粉丝时代"，拥有流量的品牌或 IP 才能真正做好做大。

（2）做好品牌

根据快手的基础用户画像报告显示，快手用户的男女比例基本持平，年龄大部分在 35 岁以下，整体学历不高，而且大部分用户在二线城市以下，更多的是三、四线城市的下层人群。

从快手用户群体可看出，存在明显的圈层，因此，品牌如果想要扩散到更广泛的人群，必须在内容上下功夫，此时定位就相当重要了。

3．IP 变现

快手运营者可以把个人 IP 做成品牌，当粉丝达到一定数量后可以向娱乐圈发展，如拍电影和电视剧、上综艺节目、当歌手等，实现 IP 的增值，从而找到更多、更好的变现方式。如今，快手平台上有很多"网红"进入娱乐圈发展。

4．平台盈利

部分快手运营者可能同时经营多个线上平台，而且快手还不是其最重要的平台。对于这一部分快手运营者来说，通过一定的方法将快手粉丝引导至特定的其他平台，让快手粉丝在目标平台中发挥力量就显得非常关键了。

一般来说，在快手中可以通过两种方式将抖音用户引导至其他平台。一是通过链接引导；二是通过文字、语音等表达进行引导。

通过链接引导粉丝比较常见的方式就是在视频或直播中将销售的商品插入其他平台的链接，此时，用户只需点击链接，便可进入目标平台。另外，当快手用户进入目标平台之后，快手运营者还可以通过一定的方法，如发放平台优惠券，将快手用户变成目标平台的粉丝，让快手用户在该平台上持续贡献购买力。

通过文字、语音等表达进行引导的常见方式就是在视频、直播等过程中，简单地对相关内容进行展示，然后通过文字、语音将对具体内容感兴趣的快手用户引导至目标平台。